Dedicado a:

_____

_____

_____

_____

_____

Para: _____

De: _____

Fecha: _____

Oração de Guerra nos Salmos

Lidia Zapico

A Nossa Visão

Alcançar as nações levando a autenticidade da revelação da Palabra de Deus, para desenvolver a fé e o conhecimento de todos aqueles que O desejam com fervor, isto por meio de livros e materiais de audio e vídeo.

Publicado por
JVH Publications
11830 Miramar Pwky
Miramar, Fl. 33025
Direitos reservados

© 2017 JVH Publications (Edição em Português)

© 2017 Lidia Zapico
Todos os direitos reservados.

Oração de Guerra nos Salmos.
ISBN 1-59900-146-2
© Lidia Zapico. Reservados todos os direitos. Nenhuma porção ou parte desta obra pode ser reproduzida, nem ser guardada num sistema de armazenamento de informação, nem ser transmitida de nenhuma forma por qualquer meio (electrónico, mecânico, de fotocópias, gravação, etc.) sem a permissão prévia dos editores. A única excepção é em breves citações em resenhas impressas.

Desenho da capa e interior: Esteban Zapico e Lidia Zapico
Tradução: António Oliveira e Marta Pereira
Imagens e ilustrações: Usadas com a permissão de Shutterstock.com.y Wikipedia.org
Impresso nos USA
Printed in USA

Dedicatória

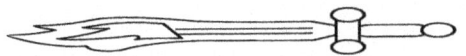

Dedico este livro a todos os intercessores que nesta hora se levantam para orar pelas almas perdidas, e que neste tempo são parte da conquista das nações para o Rei dos reis

O meu desejo é que cada página lida seja de bênção para ti, para que a tua fé cresça e tomes a autoridade que Deus já te deu em Cristo Jesus.

Agradecimentos

Agradeço ao Espírito Santo por ser a minha ajuda e o segredo da minha força.

Ao meu esposo José A. Zapico pela sua fiel correção e pela oportunidade que Deus nos dá de poder trabalhar no serviço do Senhor, em unidade e entrega total.

Índice

Prologo   11

Capítulo 1   17
Por Que Tenho que Conhecer o Poder do Seu Nome no Mundo Espiritual?

Capítulo 2   33
A Autoridade do Nome de Jesus

Capitulo 3   59
Que Quer Fazer o Inimigo Contigo?

Capítulo 4   91
A Diferença Entre um Ataque Espiritual e os Sentimentos

Capítulo 5   135
Oração de Guerra nos Salmos

Capítulo 6   167
Aprendendo a Orar com os Salmos

Capítulo 7   **189**
Uma Análise do Salmo 74

Capítulo 8   **213**
Como Reclamar a minha Cidade para Cristo

Capítulo 9   **241**
Como Sair a Guerrear pela Cidade

Capítulo 10   **251**
Proclamação a Favor da Cidade e das Almas Cativas

Bibliografia   **267**

Prólogo

Durante o curso da vida, muitos são os diferentes sentimentos e estados emocionais que passam pela alma. A maioria deles opõem-se aos planos de Deus na vida do ser humano, tornando-se, por sua vez, pequenas prisões dentro do coração, que vão frustrando e controlando, até se chegar a um círculo donde não se pode sair. Por não saber como tratar com estes sentimentos, às vezes o homem cai em fracassos irreversíveis, impedindo-o de chegar à meta e ao propósito que Deus estabeleceu para a sua vida. Neste livro explica-se a diferença entre a luta da alma com os sentimentos, como discernir a luta espiritual que vem diretamente do inimigo e o processo da prova permitido por Deus.

A alma está constantemente em batalha contra os seus sentimentos e os pensamentos negativos. Se estes permanecerem, converter-se-ão em "*fortalezas*". Se a pessoa toma o domínio, conhece e consegue derrubar as suas próprias fortalezas, sairá vitorioso de cada ataque, seja em que situação for.

No capítulo 5, especifica-se como operam estes sentimentos e como a pessoa pode libertar-se deles. Quase todos os exemplos estão baseados nos sentimentos do salmista e profeta Davi. Ao tomar as suas expressões como modelo, cada leitor pode identificar-se não só com as batalhas emocionais que ele teve que enfrentar, mas também da maneira gloriosa como alcançou as vitórias

Este livro pode, também, ser usado como um manual prático para orar e estabelecer a vitória na família, na igreja e na cidade onde se vive.

Aprenderás a conhecer o poderoso Nome de Jesus e a não deixar-te dominar pelas situações em teus sentimentos interiores ou exteriores, que são os dos outros (aqueles que te querem influenciar). Sentirás que a tua fé se agiganta na Palavra e descobrirás que os vitoriosos tiveram as mesmas batalhas que tu podes enfrentar, mas eles souberam sobrepôr-se aos sentimentos e obtiveram a vitória.

Saberás que viver crendo na Palavra faz a diferença entre os derrotados e os que alcançam metas de grandes conquistas em Deus.

A Palavra foi escrita para que fosse falada, crida e estabelecida em cada situação da vida.

O meu desejo é que, ao terminar este livro, sejas um mais dos que, nesta hora, entraram na lista dos **vencedores**!

Recorda: Ao orar a Palavra escrita estás declarando a Sua vontade. Ao orar a Palavra em voz alta estás estabelecendo no mundo espiritual a Sua Verdade. Orar a Palavra escrita é profetizar às nações. Orar a Palavra faz com que o reino das trevas trema e caiam os tronos de satanás.

1

Por Que Tenho que Conhecer o Poder do Seu Nome no Mundo Espiritual?

A Revelação do Seu Glorioso Nome

O maior entre todos os nomes no céu, na terra e debaixo da terra, é o Nome de Jesus. Deste título se deriva "todo o poder", o que significa que é a máxima autoridade e que está acima de toda a potestade.

"Pelo que, também, Deus O exaltou soberanamente, e Lhe deu um nome que é sobre todo o nome, para que ao Nome de Jesus se dobre todo o joelho dos que estão nos céus, na terra e debaixo da terra; e toda a língua confesse que Jesus Cristo é o Senhor, para a glória de Deus Pai." Filipenses 2:9-11.

Não é suficiente só ouvir o ensino sobre as características do Nome de Jesus, mas é preciso ter uma genuína revelação da "autoridade" que imana do Seu Nome, reconhecendo-a por convicção própria.

Ao teres na mente e no coração tal convicção, estás exaltando o Seu senhorio. Enquanto isso, os outros poderes das trevas diminuem, tanto na área espiritual como na física.

É evidente que esta revelação vem diretamente do Espírito de Deus ao espírito do homem, porque Ele é o que revela toda a verdade. Paulo recebeu o testemunho da autoridade que procede do Nome de Jesus, e assim o escreveu na sua carta aos Efésios.

"...e qual a sobreexcelente grandeza do Seu poder sobre nós, os que cremos, segundo a operação da força do Seu poder, que manifestou em Cristo, ressuscitando-O dos mortos e sentando-O à Sua direita nos lugares celestiais, sobre todo o principado e autoridade e poder e senhorio, e sobre todo o nome que se nomeia, não só neste século, mas também, no vindouro..." Efésios 1:19-21

Esta passagem fala por si só da Sua grandeza e autoridade. Só Jesus realizou uma obra tão perfeita como é a salvação do homem. O poder inerente e residente que há no Nome de Jesus é o único que está por cima de todo o nome, não só no tempo presente, mas estará eternamente e para sempre, por toda a eternidade.

Na solidão, Davi conheceu a Deus, como o mais poderoso e excelso, acima de todo o poder. Nos Salmos 89 Davi descreve o poder de Deus e o Seu grande domínio sobre tudo o criado. Diz que o Seu poder feriu a Raab, (nome alegórico do grande dragão). Também, nos Salmos 24:10, exalta a Sua grandeza, dizendo:

"Quem é este Rei da Glória? O Senhor dos Exércitos, Ele é o Rei da Glória."

A frase *"Rei da Glória"*, descreve o Seu alto grau de reconhecimento nas três esferas espirituais, o céu (até ao terceiro céu), a terra (tudo o criado) e debaixo da terra (o inferno, o abismo e as suas potestades). Tanto nas hostes angelicais como nas hostes da maldade, Ele tem um título que o destaca sobre todo o nome criado.

Ninguém obteve uma categoria mais alta na guerra espiritual do que Ele; o Seu Nome é o grau de autoridade que possui.

Amado leitor, recorda: Da mesma essência do Senhor Deus se manifestou (quando chegou o tempo escolhido) *"Jeshúa"*, que significa *"Jesus o Salvador"*, para que se manifestasse visivelmente (do que não se via mas que já existia).

"E aquele Verbo se fez carne e habitou entre nós, e vimos a Sua Glória, como a do unigénito do Pai, cheio de graça e de verdade." João 1:14

É maravilhoso reconhecê-lo! O poderoso nome Senhor dos Exércitos é similar ao nome de Jesus. Agora opera com o mesmo poder e autoridade de antes. Através do glorioso nome de Jesus, o próprio apóstolo Paulo escreve:

"Pelo que, também, Deus O exaltou soberanamente, e Lhe deu um nome que é sobre todo o nome, para que ao Nome de Jesus se

dobre todo o joelho dos que estão nos céus e na terra e debaixo da terra..." Filipenses 2:9,10

Jesus é o Messias, o Ungido de Deus, O qual agora é o general principal do exército celestial no mundo espiritual. Ele é o supremo Comandante em Chefe. Jesus Cristo vai à frente dos exércitos celestiais e é o vencedor nesta batalha que se trava nos céus:

"E os exércitos celestiais, vestidos de linho finíssimo, branco e puro, o seguiam em cavalos brancos. Da sua boca saía uma espada aguda, para ferir com ela as nações, e Ele as regerá com vara de ferro e Ele mesmo é o que pisa o lagar do vinho do furor e da ira do Deus Todo-Poderoso. E no vestido e na sua coxa tem escrito este nome: REI dos reis e SENHOR dos senhores." Apocalipse 19:14-16

Ao creres no poder que imana do Seu Nome terás uma maior:
➢ Revelação do Seu poder
➢ Capacidade da grandeza de Deus
➢ Convicção de ter o carácter de Deus

➤ Posição de autoridade, tanto no mundo físico como no espiritual.

Conhecendo a Autoridade Máxima no Mundo Espiritual

Ninguém pode pretender fazer guerra espiritual se não conhece em primeiro lugar:

1. A máxima autoridade que tem o Nome de Jesus.
2. A autoridade que foi delegada em Cristo à igreja.
3. O poder do Espírito Santo operando dentro do crente.

Quando lemos no Antigo Testamento acerca do *"Senhor (Jehová) dos Exércitos"*, na realidade está a referir-se a dois nomes: Jehová (Senhor), o nome por excelência (o que existe em si mesmo), e o grande Eu Sou.

Quando na Bíblia se menciona o nome de Deus *"dos Exércitos"*, está a referir-se ao exército dos esquadrões do céu. Este nome é o mais poderoso, já que revela a máxima soberania no mundo espiritual sobre tudo.

Por isso o nome *"Senhor (Jehová) dos Exércitos"* é nome de poder no mundo espiritual. No antigo arameu, descreve-se JEHOVÁ SEBAOT, [tsaba'] ; na raiz hebraica significa simplesmente *"hostes"* e refere-se especificamente a *um exército (organizado) de anjos, do sol, lua e estrelas, de toda a criação*. Também significa *guerra, serviço* e *ir à guerra*.

Estas duas ideias andam juntas no uso corrente do título *Jehová* (Senhor, serviço) *SEBAOT* (exército organizado no meio da batalha). Portanto, o nome de *Jehová* (YHVH) é a manifestação da Sua autoridade na guerra espiritual. O exemplo mais convincente referente ao homem forte dos inimigos de Israel, que confrontou e desafiou com soberba o exército de Deus, encontra-se em 1 Samuel 17:45:

Outra maneira de explicar 1 Samuel 17:45, de forma parafraseada, seria: *"Eu venho a ti no Nome do Senhor Jehová, dono da casa do exército organizado, dono do exército angelical, dono do exército do sol, lua e estrelas, dono da guerra e da batalha, El Elohim, o verdadeiro Deus do exército e fileiras de Israel."*
Quem pode resistir ao General Máximo do mais poderoso exército celestial? Golias sempre será pequeno diante do *Senhor (Jehová) dos Exércitos.*

"Então disse Davi ao filisteu: Tu vens a mim com espada e lança e escudo; mas eu venho a ti no nome do Senhor dos Exércitos, o Deus dos esquadrões de Israel, a quem tu tens provocado."

O gigante Golias veio com três armas físicas (espada. Lança e escudo). No entanto, Davi veio só com uma (funda com pedra), acompanhada com o poderoso

Nome. Os demónios, potestades, principados e tudo o que se move no mundo espiritual tremem diante do Poderoso.

O Senhor dos Exércitos é o ser mais poderoso e o maior nome de guerra. Significa: O Dono e Poderoso Deus da guerra espiritual, o guerreiro mais poderoso em todo o universo. Embora a luta fosse física, por trás dela, movia-se a luta espiritual no campo de batalha. O gigante Golias estava a ser apoiado por um principado territorial, que atemorizava os filhos de Israel.

Assim acontece hoje em dia quando os filhos de Deus se confrontam com os argumentos dos filhos rebeldes, ou também com problemas financeiros, outros com maldições de divórcios, conflitos familiares, entre outros. Poucos são os que enfrentam a situação corretamente, porque não entendem o que se move por trás de cada problema, desconhecendo como vencê-lo.

É muito importante que em cada vitória, primeiramente a possas visualizar no teu espírito, tirando assim poder ao inimigo. A vitória tens de a ganhar antes e tomar posse dela pela fé. Tens de estar consciente que por trás de cada contenda pode mover-se um espírito de falta de perdão, ira ou frustração. Quando os conflitos se manifestam constantemente, deves saber que, por trás destes, estão envolvidas maldições familiares, ou maldições de feitiçaria, de enfermidades crónicas, maldições de ira, ódio, até maldições de divórcio. A lista pode ser mais extensa.

Não deixes de ter presente que para Deus não há nada impossível. Jesus Cristo rompeu toda a maldição quando morreu na na cruz do calvário. (Para mais informação acerca deste tema, aconselhamos a ler o livros dos autores Jose & Lidia Zapico " *Detrás de la Iniquidad*").

Recebendo no segredo de Deus o Seu poder.

A fé de Davi não cresceu no preciso momento em que esteve frente a Golias. Ele começou a exercitá-la na solidão, quando pastoreava as ovelhas do seu pai. Ali aprendeu a confiar em Deus e não nas sua forças físicas. O ataque dos lobos e dos leões o exercitou para os confrontos futuros.

Pouco a pouco, Davi foi compreendendo o significado *"do bom pastor"* pela sua experiência pessoal, quando o próprio Deus o livrou da boca do leão e lhe deu forças para o destroçar. Também entendeu o amor d'Ele pelas ovelhas, já que ele próprio a cada dia se expunha à morte por causa delas. Aprendeu a confiar, a adorar e a conhecer o Senhor na solidão da noite. Em cada vitória sentia que Deus estava cuidando dele.

Em 1 Crónicas 11:9 diz: *"E Davi ia aumentando e crescendo, e o Senhor dos Exércitos era com ele."*

Não deixes que o inimigo te surpreenda!

Sabes como podes adiantares-te a ele e surpreendê-lo como Davi o fez? Vencendo-o na solidão com Deus, no *"lugar secreto"*. Ali, é onde se derrota o inimigo. **Na solidão com Deus está toda a instrução divina necessária para vencer.**

"Mas se eles estivessem estado no meu segredo, teriam feito ouvir as minhas palavras ao meu povo..." Jeremias 23:22

Quão necessário é estar no Seu lugar secreto!
Quando chegares à frente da batalha, o teu Golias já estará vencido!

Um coração que conhece a Deus adora-O na intimidade e aprende a pôr a sua confiança na unção do poderoso Espírito Santo. Por isso Davi cantava e orava: *"...unges a minha cabeça com óleo, o meu cálice está transbordando."* Salmos 23:5
Se a unção sobre a cabeça de Davi foi que lhe deu as forças para vencer o leão físico, como não receberia a unção para vencer o seu adversário na guerra?

Deus permitiu-lhe estar frente ao gigante Golias, porque já estava pronto para o vencer.

Recorda: Antes de venceres os teus inimigos, Deus te capacitará (fora de cena) no lugar secreto com Ele.

Antes de venceres o gigante deves vencer o teu próprio leão interior

Temos o exemplo de Sansão que venceu o jovem leão, aquele que se atravessou no seu caminho, mas não pôde vencer o seu próprio leão interior (o "eu"); este o levou à derrota, nada menos que pela mão de uma mulher. Deves ter isto claro, que por trás de cada situação difícil que se te apresenta na vida, há uma ativação espiritual. Se aprenderes a vencer a batalha espiritual (a que não se vê), ganharás a batalha física (aquela que se vê).

2

A Autoridade do Nome de Jesus

O Poder do Nome no Novo Testamento

Quando Jesus comissionou os setenta discípulos para proclamar a verdade do reino de Deus, eles voltaram com alegria dizendo: *"Senhor, até os demônios se nos sujeitam no* **Teu Nome***",* a que Ele lhes respondeu: *"Eu via satanás cair do céu como um raio".* Lucas 10:17-20

O apóstolo Pedro foi um dos apóstolos que experimentou esse poder.

"Pedro e João subiam juntos ao templo à hora da oração, a nona. E era trazido um homem, coxo de nascimento, a quem todos os dias punham à porta do templo, chamada Formosa, para que pedisse esmola aos que entravam. Este, quando viu a Pedro e a João, que iam entrando no

templo, pediu que lhe dessem uma esmola. Pedro, com João, fitando os olhos nele, disse-lhe: Olha para nós. Então ele olhou para eles, esperando receber deles alguma coisa. Mas Pedro disse: Não tenho prata nem ouro, mas o que tenho te dou. **Em Nome de Jesus Cristo de Nazaré**, *levanta-te e anda."* Atos 3:1-6

Os discípulos tiveram uma revelação viva do poder do Nome de Jesus, que neste caso foi usado para cura. Pedro e os apóstolos atribuíram o dom de cura a Jesus e à declaração poderosa feita no Seu Nome. Falaram as palavras no Nome de Jesus, de acordo com a revelação que tinham recebido, intervindo o Senhor imediatamente em cada caso.

Que sucede quando cremos e invocamos o Seu Nome?

1. Somos salvos.
2. Recebemos respostas às nossas orações
3. Os enfermos são curados.

4. Os demónios são lançados fora.
5. As pessoas são libertas.

Ao ler o livro dos Atos, podes dar-te conta de como a igreja tinha a revelação do Nome de Jesus e como consecutivamente O usava. Esse Nome foi conhecido em toda a região e fez tremer o poder exixtente de Roma.

Vivemos nos últimos tempos e devemos saber como enfrentar as forças das trevas e alcançar sempre a vitória em cada situação. Isto é possível por meio da Palavra de Deus, a revelação do Seu Nome, o teu bom testemunho e a manifestação do poder que há no Seu Sangue.

Antes de Jesus ascender aos céus, fez uma declaração importante, declarou que os crentes podiam usar o Seu Nome cada vez que orassem ao Pai, e Ele mesmo lhes concederia autoridade e as petições dos seus corações.

Confrontar o poder do diabo com a autoridade do Seu Nome é desintegrar os seus planos, tornando livres os cativos.

Isto ensina que quando se ora no Seu Nome é apresentado tudo o que Jesus é e o que realizou, independentemente do que nós somos ou possamos ter feito.

Quando oramos no Nome de Jesus é como se Ele mesmo orasse por nós, tirando a pressão. Porque o Seu Nome toma o lugar de autoridade e Ele mesmo nos respalda.
Há poder no Senhor e no Seu Nome, e isto o diabo o sabe muito bem (melhor que muitos crentes). Quando este Nome é pronunciado por um crente que recebeu a revelação do que significa, o céu inteiro presta atenção e o próprio inferno é sacudido. Sem dúvida, o inimigo tentará, por todos os meios, que tu não uses o Nome de Jesus da forma apropriada. Se usas corretamente e com entendimento a Palavra e o Nome de Jesus, tanto para orar como para repreender o inimigo, sempre terás a vitória!

Depois do Pentecostes, foi proibido aos discípulos que falassem nesse Nome. Os religiosos e os que odiavam a Jesus estavam temerosos do poder que se manifestava pela autoridade que emanava do Seu Nome.

Em muitos lugares do mundo, hoje em dia, ocorre o mesmo (países muçulmanos, escolas, instituições públicas, etc. proíbem falar acerca de Jesus). É necessário compreender que o Nome de Jesus Cristo e a Palavra de Deus declarada são armas eficazes e importantes com as quais se ataca o reino das trevas. É o único poder legal contra as forças espirituais das trevas.

Há que ordenar ao inimigo, no Nome de Jesus, que retroceda e se retire do meio! Deve falar-se às circunstâncias, ao monte, ao problema, aos demónios, às hostes da maldade e governadores das trevas, fazendo uso da autoridade pelo poder legal que foi concedido à igreja.

O mesmo é para quando se ministra libertação, ordenando aos espíritos imundos que saiam no Nome de Jesus Cristo. Assim é na guerra espiritual, quando se retira o controle de satanás sobre algo, para trazer a manifestação do Reino de Deus. Por isso é importante compreender a diferença entre:

- Falar com Deus (a oração)
- Louvar e Adorar
- Interceder
- Fazer guerra espiritual
- Falar diretamente ao problema.

No que respeita a Deus, oramos a Ele; e no que respeita ao inimigo, ordenamos-lhe.

Os crentes têm direito legal ao poder do Nome de Jesus como resultado do seu novo nascimento; mas usá-lo com poder, isso é estabelecido através de um relacionamento contínuo e pessoal com Deus.

Diz a Palavra de Deus em Apocalipse 12:11: "E *eles o venceram pelo Sangue do Cordeiro e pela palavra do seu testemunho."* Cada filho de Deus deve entender a bênção que é a oração, se é usada como arma. Que avivamento viria se milhares pudessem usar esta poderosa arma para serem libertos da influência dos espíritos de incredulidade e apatia.

Deus está esperando por ti para que uses a oração apropriada, que mudará as situações mais difíceis. Usa o Nome de Jesus sem medo contra os espíritos que trazem opressão e contra tudo aquilo que se levanta contra a verdade de Deus.

Não percas tempo em discussões com pessoas que só causam problemas; pelo contrário, deves amarrar os espíritos que causam contendas. Então ficarás surpreendido ao ver mudanças radicais.

O poder das trevas, inegavelmente, está a ganhar cada vez maior terreno nos meios de comunicação, em instituições chamadas cristãs, em empresas no âmbito infantil e familiar, para perpetuar os seus planos

malévolos contra a humanidade. Estão atacando diretamente as mentes fracas. Além disso, muitos cristãos **frios** perderam a genuína autoridade espiritual
Nesta hora, os genuínos filhos de Deus devem crescer em discernimento e poder espiritual.

Este crescimento encontra-se na oração, esquadrinhando a Palavra de Deus e a disciplina pessoal.

Isto faz que obtenhas mais conhecimento de como se move o mundo espiritual e como está organizado.

Fortalecendo o nosso "Homem Interior"

As causas mais frequentes pelas quais um cristão se sente derrotado frente às batalhas espirituais são:

1. Ignorar como se move o mundo espiritual.
2. Temer mais o inimigo do que a Deus.

Não se possui mais vitória espiritual, porque se ignora como alcançá-la.

Isto acontece por se repetir mais o que se ouve do que o tempo que se tira para receber diretamente a revelação correta do Espírito de Deus. Necessitamos conhecer tanto o vencedor como o vencido, para não andar como cegos, ignorando o mundo espiritual e como este opera.

Conhecendo o corpo espiritual

Para entender isto, temos que saber que, da mesma maneira que temos um corpo físico dentro de nós, também temos o *"corpo espiritual"*. O apóstolo Paulo refere-se a isto da seguinte maneira:

"Semeia-se corpo animal, ressuscitará corpo espiritual. Há corpo animal, e há corpo espiritual." 1 Coríntios 15.44

Em muitas ocasiões, a Palavra de Deus fala-nos deste *"corpo espiritual"* que está dentro de nós. Quando a Palavra de Deus diz: *"abri os olhos do vosso entendimento"*, não está a referir-se aos olhos físicos, mas aos olhos espirituais.

No livro do Apocalipse, Jesus diz às sete igrejas o seguinte: *"Aquele que tem ouvidos, ouça o que o Espírito diz às igrejas"*. Claro que está a referir-se aos ouvidos espirituais. Quando Deus pede: *"Dá-me, filho meu, o teu coração"*, está referindo-se ao **coração espiritual**. A armadura do soldado é espiritual e real ao mesmo tempo, para que seja colocada sobre o *"homem interior"*. O mesmo sucede quando se exorta a vestir-se em santidade. Assim, há que estar revestido totalmente e a Palavra especifica como fazê-lo (desde a cabeça aos pés). Vejamos!

• Revestir-se do Senhor Jesus (não alimentando o homem interior com desejos naturais ou carnais que batalham contra a alma).

"...mas revesti-vos do Senhor Jesus Cristo, e não façais provisão aos desejos da carne." Romanos 13:14

- Vestir-se da maneira que Deus o criou; em verdadeira justiça e santidade *(Efésios 4:24).*

- Vestidos por dentro, como escolhidos de Deus, santos e amados, de entranhável misericórdia, de benig-nidade, humildade, mansidão e paciência. *(Colossenses 3:12)*

- Revestir-se de toda a armadura de Deus, para estar como um soldado pronto a combater toda a ameaça do inimigo e contra-atacar. *"No demais, irmãos meus, fortalecei-vos no Senhor e na força do seu poder. Revesti-vos de toda a armadura de Deus, para que possais estar firmes contra as artimanhas do diabo." Efésios 6:10, 11*

Muitos ignoram como opera o mundo espiritual e por isso não estão conscientes deste tão importante revestimento, que se deve ter todos os dias. Deve acrescentar-se o manto de poder, a cobertura do gozo e o carácter de Cristo que atua dentro de cada um, conforme a vontade delineada por Deus.

Vivendo Entre o Mundo Espiritual e o Natural

O homem é cem por cento terrenal, formado do pó da terra. Deus criou-o do barro e logo soprou sobre ele o espírito de vida, dando alento à alma. Isto o fez ser tripartido: alma, corpo e espírito, embora na existência é um (como Deus). O seu espírito faz com que se relacione com o mundo espiritual, enquanto que, através do seu corpo e dos seus cinco sentidos naturais, se liga ao que se vê (a matéria existente).

Todos os seres humanos habitam no mundo natural, localizado nos diferentes continentes que o compõem. Tu podes interagir e ver as pessoas que estão à tua volta, dialogar com elas, conhecê-las e "tocar" o mundo que te rodeia.

No entanto, existe o mundo espiritual, que não podes ver com teus olhos físicos, mas podes senti-lo no teu espírito e é ainda mais real do que o mundo natural em que te moves.

O Apóstolo Paulo, na Carta aos Coríntios, estabelece a diferença que existe entre ambos, ou seja, entre o natural e o espiritual.

"E há corpos celestes e corpos terrestres, mas uma é a glória dos celestes e outra a dos terrestres." 1 Coríntios 15:40

Todo o homem e mulher tem um corpo que vive no mundo natural. Mas ao mesmo tempo, são seres espirituais com uma alma e um espírito. O ser humano é constituído por: corpo, alma e espírito. O espírito é a parte que se conecta com o mundo espiritual, seja com Deus ou com os demónios, assim como o corpo se conecta com o natural.

A Palavra de Deus fala que dentro do mundo espiritual existem dois reinos, os quais são governados por diferentes autoridades. "O Reino de Deus" é o Reino da luz, no qual Deus o Pai, deu toda a autoridade, (como vimos no capítulo anterior) a Seu Filho, Jesus Cristo, o Salvador do mundo, Rei dos reis e Senhor dos senhores.

O Reino de Deus foi ensinado por Jesus Cristo aos Seus discípulos para ser estabelecido no coração de todos os redimidos por Ele. Ao receber o perdão de pecados (pelo Sangue de Cristo) o ser humano é trasladado do reino das trevas para o Reino do Seu Filho amado. Esta operação recebida por fé, faz com que ele seja parte da grande família de Deus.

"O qual nos tirou da potestade das trevas e nos trasladou para o reino do seu amado Filho." Colossenses 1:13

Jesus disse: *"O Meu reino não é deste mundo."* (Juan 18:36). O Seu reino é de eternidade a eternidade, não tem limites, abrange tudo..

A capital do reino de Deus é Jerusalém, a cidade santa do grande Rei.

Em oposição a isto está o reino das trevas, em que governa a serpente voadora ou o dragão nos ares; o deus deste século ou o príncipe deste mundo na terra; leviatã (o espírito de vaidade e de orgulho) nos mares (que representa a multidão da humanidade) e o príncipe Belzebu, o príncipe dos demónios no inferno.

O homem não nascido de novo não entende as coisas espirituais; vive sob a natureza da alma natural e os seus sentidos espirituais estão adormecidos.

No entanto, o crente sente uma batalha constante dentro da alma, porque o mundo espiritual começa a combater contra os seus sentimentos. Uma vez que os seus olhos espirituais são abertos, passa a compreender esta batalha e torna-se consciente da sua posição e vitória que obtém em Cristo, deixando de ser vencido pelo pecado, para passar a uma posição de vencedor. Isto ocorre tanto na sua mente como nos sentimentos e aprende a levar uma vida cristã pela fé, crendo quem é em Cristo pela Palavra.

Conhecendo o Mundo Espiritual

Comparemos o que se vê com o que não se vê:
O centro da terra está cheio de fogo; no âmbito espiritual existe (no mesmo lugar) o que a Bíblia chama de inferno.

Isto mostra-nos que o mundo espiritual não está tão longe como alguns crêem ou imaginam. O mundo espiritual move-se ao nosso redor (assim como o nosso *homem interior* está dentro de nós). Isto explica o que a Palavra de Deus diz: *"Pela fé entendemos que o universo foi constituído pela Palavra de Deus, de modo que o que se vê foi feito do que não se via."* Hebreus 11:13
Quer dizer, primeiro existiu o que não vemos (o mundo espiritual) e deste, Deus

criou o que se vê através dos olhos naturais; ambos são na mesma reais.

Hoje em dia é preciso ser bem entendido nas coisas espirituais, para discernir tudo aquilo que Deus quiser revelar. Apesar de estar escrito na Palavra de Deus, que o natural se originou do espiritual, ainda nem todas as coisas espirituais foram totalmente reveladas.
Por isso diz a Palavra: *"As coisas secretas pertencem ao Senhor nosso Deus, mas as reveladas são para nós e para os nossos filhos, para sempre..." Deuteronómio 29:29*

Simbologia ou realidade?

Quando na Bíblia se refere a: ginetes, carros, cavalos, anjos, arcanjos, querubins, serafins, demónios, ao homem forte, deuses, anjos caídos, principados, potestades, ao dragão, à serpente voadora, à antiga serpente, espíritos em forma de rãs, seres como gafanhotos, à cidade celestial, ao fogo, tronos, anciãos, seres viventes, selos, taças, trombetas, e um sem fim de coisas, tens que acreditar que são reais, se manifestam mesmo assim e todos eles fazem parte do mundo espiritual.

Em muitas ocasiões, Deus deu a conhecer este mundo espiritual através de sonhos e visões. Nem todos aceitam nem crêem no sobrenatural. Alguns teólogos interpretam que os seres, nas visões do Apocalipse, são meros *"símbolos"*, já que não encontram uma razão lógica para tais criaturas; no entanto, a realidade é outra, e é que estas criaturas são reais e existem no mundo espiritual.

Não há apenas o fogo de Deus, o fogo do juízo, mas também o próprio Deus é *fogo consumidor*.

Também se encontram tronos, anciãos, trombetas, taças, mesas e ainda algo mais glorioso, que são as moradas para os santos, com jardins e um mar calmo, como se fosse um cristal.

Assim como Jerusalém é real no Médio Oriente, tanto mais real e estável é a verdadeira, que é estabelecida desde o princípio até pelos séculos dos séculos, chamada a cidade do Grande Rei, "*a Jerusalém Celestial*".

Para afirmar isto, leiamos o que diz o autor do Livro aos Hebreus:

"Porque não chegastes ao monte palpável, e que ardia em fogo, à escuridão, às trevas e à tempestade, ao sonido da trombeta, e à voz que falava, a qual os que a ouviram rogaram que se lhes não falasse mais, porque não podiam suportar o que se lhes ordenava: Se até um animal tocar o monte, será apedrejado, ou atravessado com dardo; e tão terrível era o que se via, que Moisés disse: Estou assombrado e tremendo; mas chegastes ao monte de Sião, à cidade do Deus vivo, à Jerusalém Celestial, à companhia de muitos milhares de anjos, à congregação dos primogénitos que estão inscritos nos céus, a Deus, o Juiz de todos, aos espíritos dos santos aperfeiçoados, a Jesus, o Mediador do novo pacto, e ao sangue da aspersão que falha melhor do que o de Abel."
Hebreus 12:18-24

O teu espírito deve regozijar-se ao ler isto! Em cada promessa escrita na Palavra de Deus, é-nos declarado que é impossível chegar-nos a Ele sem fé. Crê na palavra totalmente como está escrita e serás sábio!

Que Autoridade me foi dada em Cristo?

Adão recebeu essa autoridade para cuidar e defender "o horto". Vemos que Adão não soube como fazer isso. Atualmente, ainda que Cristo, o último Adão, tenha restaurado essa autoridade, são muito poucos os que a recuperaram e estão a exercê-la. O homem machista sabe acerca de "falar mais alto e bater" ou exercer "autoridade pela força", mas essa não é a verdadeira autoridade que Deus outorgou a Adão.

Todo o pai de família deve conhecer a sua autoridade, a qual Deus lhe outorgou, para cuidar e defender o seu território, que é o seu lar. A autoridade espiritual delegada ao homem é para proteger o seu *"horto"*, que consiste da sua esposa, filhos, economia e vida espiritual. Essa autoridade é para os proteger de todo o ataque do inimigo, que venha para causar dano à sua propriedade.

Se isso fosse melhor compreendido, não haveria tantos divórcios e filhos abandonados, traumatizados por crescerem sem terem uma verdadeira imagem varonil. Pelo contrário, tão pouco haveria tantas mulheres obrigadas a terem que assumir o papel do homem, educando e levando os seus filhos avante.

É hora de que cada varão tome a autoridade da Palavra, para cuidar do seu horto e diga ao inimigo, no Nome de Jesus, que deixe o seu território.

Deus deu-te autoridade por meio do Seu Filho Jesus. Ele venceu as potestades do mal na cruz do Calvário. Todo aquele que conhece a autoridade que Deus lhe deu, atua debaixo dessa autoridade.

O próprio Jesus ensinou o segredo desta autoridade quando disse:

"Olhai, vigiai e orai; porque não sabeis quando será o tempo. É como o homem que, partindo para longe, deixasse a sua casa e desse autoridade aos seus servos, e a cada um a sua obra, e mandasse ao porteiro que vigiasse."
Marcos 13:33, 34

Aspetos Importantes da Autoridade:

- O Senhor deu-nos autoridade para que projetemos o Seu Reino.
- Para ter autoridade, é preciso estar debaixo de autoridade.
- O inimigo tem que retroceder quando sabe que conhecemos a Palavra e lhe fazemos frente no Nome de Jesus.
- No sejas descuidado nem passivo diante das situações que afetam os teus filhos. Há que estar atento a quem são as suas amizades e que influência negativa estas lhes podem trazer.

- A oração constante, cheia de fé, muda as situações mais difíceis, incrementando a nossa autoridade no mundo espiritual.
- O inimigo está debaixo dos teus pés quando caminhas de acordo com a Palavra de Deus e manténs um testemunho limpo.
- O inimigo sabe quem tem a autoridade de Deus.
- Se tens portas abertas ao pecado, satanás sabe-o. Isso te tira autoridade e mais tarde ou mais cedo ele te atacará na área mais vulnerável

Concluindo, conhecer o mundo espiritual e ter revelação do Nome poderoso de Jesus Cristo, far-te-á viver seguro, para que cada desenho de Deus se possa fazer uma realidade na tu vida. Poderás proclamar com toda a convicção e certeza que Jesus Cristo é o Nome sem igual e diante de ti não haverá demónio que possa resistir-te.

3

Que Quer o Inimigo Fazer Contigo?

A maioria dos Salmos foram escritos pelo rei Davi. Neles estão refletidas as etapas emocionais que a sua alma teve que atravessar. Também revelam uma série de confrontos que teve que enfrentar diretamente com os seus inimigos. Um deles, muito marcante, foi com o seu sogro, o rei Saul. Este procurou constantemente matá-lo.

Apesar de todas as provas, Davi foi escolhido e ungido por Deus para reinar com um propósito divino e especialmente para colocar em alto o Nome do Senhor sobre a nação de Israel.

Isto mostra que Deus não escolhe líderes perfeitos para realizar os Seus planos. O seu grande prazer é encontrar homens com um coração ensinável, para assim

depositar a Sua unção. Isso os ajudará a depender totalmente d'Ele e não das suas habilidades.

A glória do Nome do Senhor tinha que ser acrescentada (o povo estava passando por uma grande transição, já que nesse tempo o exército de Israel estava debilitado e sem forças).
Davi tinha sido escolhido pelo próprio Deus para representar o trono de Deus e a extensão futura do reinado Messiânico, assim como restaurar o tabernáculo de Moisés, juntamente com o seu sacerdócio caído. Para alcançar esta restauração física e espiritual da nação, Davi teve que enfrentar os seus inimigos dentro e fora da casa.

Muitas foram as vezes em que Davi se sentiu debaixo de pressões emocionais. Todas elas foram expressas nos seus cânticos. Isto ensina como as emoções operam debaixo de pressão dentro do ser humano e como algumas delas, especificamente, podem aprisionar a alma.

Hoje em dia, cada filho de Deus (especialmente aqueles que receberam o Espírito Santo) também se encontra em confronto direto com a maldade.

Observamos através dos Salmos de Davi que:

- Lutou com inimigos reais e espirituais.
- Ficou preso nos seus próprios sentimentos, que continuamente estavam perseguindo a sua alma.
- Reconheceu que Deus estava no controlo de todas as situações difíceis que estava atravessando.

Muitas expressões verbais que se utilizam, por vezes, sem se estar consciente do que se diz, mostram como está o estado emocional atual da alma. Atualmente acontece o mesmo. Ouvem-se frequentemente frases como: «Estou no pó»; «sinto-me acabado»; «estou encurralado»; e outra, «estou morto» Cada uma destas expressões revela o estado emocional da alma. Observemos como o inimigo te quer ver e fazer-te sentir:

- Esmagado
- Sem forças
- No pó
- Acabado

Tem cuidado!

Se isto se confessa em voz alta, em breve o inimigo ganhará vantagem sobre a mente e logo todo o corpo se sentirá tal como foi confessado com os lábios.

Em vez de tomar esta atitude, deve tomar-se uma posição de vitória e proclamar a Palavra de Deus, **ao contrário de como nos sentimos. Toma sempre o lugar de vencedor e não o de vencido.**

Recorda! Se o inimigo consegue vencer-te na área emocional, tomará vantagem rapidamente sobre ti em todas as demais áreas. Se falas palavras negativas, tu mesmo estarás a amaldiçoar-te.

Os grandes fracassos espirituais sempre se iniciam na área das emoções.

Quantas batalhas perdeste por estar aprisionado pelo medo e pela indecisão? Estas emoções que batalham contra ti são como barreiras de ferro que estão a impedir as mudanças e a prosperidade. O temor, especialmente, fortalece as áreas débeis da dúvida, incerteza, incredulidade, paralisando não só a tua mente, mas também o desenvolvimento para realizar as coisas. Isto impediu-te de passar para novos níveis espirituais, realizar mudanças positivas, de te sentires realizado e feliz. Estas áreas em cativeiro podem oprimir-te, por isso tens que as vencer, no Nome de Jesus, a fim de se concretizarem os planos estabelecidos por Deus para a tua vida.

O cristão não se move pelos sentimentos, nem pelo que os seus olhos naturais vêem. Move-se por fé e pela fé, alcançando a cada dia as suas maiores conquistas.

Por trás de cada estado emocional, move-se a opressão do inimigo. Analisemos a guerra e as opressões do inimigo que a alma enfrenta e a vitória que se obtém através da fé e da confiança na Palavra de Deus.

Que Quer o Inimigo Fazer Contigo?

Muitas expressões verbais que às vezes se utilizam sem se estar consciente do que se diz, mostram o estado emocional atual da alma. Esta análise mostrar-te-á como esta se sente debaixo das opressões provenientes da esfera de maldade do mundo espiritual. Nos Salmos encontram-se expressões nunca imaginadas, que te ajudarão a entender como os sentimentos naturais podem produzir ataduras. Muitos destes textos serão a base para serem usados contra o inimigo.

O salmista utiliza expressões nas suas poesias, cânticos e orações, que revelam como a pressão do inimigo afeta a área emocional.

Vejamos os diferentes textos dentro dos Salmos que expressam o sentir da alma. Isto ajudará a comparar melhor as tuas próprias expressões.

> **Quer levantar-se em guerra.**

"Ainda que um exército acampe contra mim, o meu coração não temerá; ainda que a guerra se levante contra mim, estarei confiado." Salmos 27:3

Tu deves estar consciente que o inimigo, Satanás, é real e devora as almas de homens e mulheres em todo o planeta Terra. Isto tem-no feito por milhares de anos. Ele odeia as criaturas de Deus, por isso planifica, dia e noite, a sua destruição. Ele é o chefe do terror, trabalha duma maneira suja e o seu objetivo é acabar com a fé e, se lhe for possível, com a salvação do próprio crente.

O mundo espiritual existe e está a pouca distância de ti; pelo que um exército espiritual maligno poderia acampar contra o teu ser agora mesmo. **Há algo que tens do teu lado e é a fé que venceu o mundo, a certeza do que não se vê.** Certeza no sólido e verdadeiro que são as promessas que estão estabelecidas na Palavra de Deus. É muito importante conhecê-las, para as poder aplicar no momento oportuno.

Da mesma maneira que está escrito que o salmista se sentiu rodeado, literalmente, por um exército contrário, que ainda que não o visse com os seus próprios olhos naturais, podia senti-lo perto de si.

Esta batalha existe constantemente, mas o amor de Deus por nós é tão grande que, sendo criaturas do mais baixo escalão (em frente ao poder demoníaco), o filho de Deus tornou-se humano, para nos dar a cobertura suficiente (sangue) a fim de nos proteger e nos deixou as armas poderosas par nos defendermos.

Apenas a nossa fé n'Ele é suficiente para vencer um inimigo maior do que nós.

Muitas vezes sentiu-se rodeado por um exército inteiro, com milhares de inimigos, mas isso não o pôde atemorizar, pois a confiança e a fé em Deus lançou fora o temor.

➢ **Quer rodear-te**

"Levantará a minha cabeça sobre todos os inimigos que me rodeiam." Salmos 27:6

Não se deve temer as táticas e as ameaças. Nunca devemos permitir que o a nosso coração se assuste e se encha de medo pelo cerco do inimigo.

"Submetei-vos, pois a Deus, resisti ao diabo, e ele fugirá de vós." Tiago 4:7

A fé na Palavra é o baluarte e o estandarte que te manterá firme no tempo da prova. Ela é como um músculo do corpo; se é exercitado todos os dias, se fortalecerá cada vez mais. Tu podes falar à tua alma e animá-la, como o salmista fez.

"Por que estás abatida, ó minha alma, e por que te perturbas em mim? Espera em Deus, pois ainda O louvarei, minha salvação e Deus meu."
Salmos 42:5

É de muita eficácia aprender de memória textos chave, para os declarar no momento indicado.

➢ **Quer perseguir-te**

Muitas vezes podes sentir uma perseguição espiritual persistente, que tenta levar-te a um esgotamento espiritual. Esta pressão espiritual irá aumentando à medida que os "dias maus" vão aumentando sobre a terra. **Haverá momentos que terás que guerrear e outros em que descansarás no Senhor.**

Nos Salmos 69:26 diz: *"Porque perseguiram a quem afligiste"*. Este versículo está a referir-se a Jesus Cristo. Da mesma maneira que lhe fizeram a Ele, num futuro será feito contra os Seus santos, na terra.

"Porque o inimigo perseguiu a minha alma; abateu até à terra a minha vida; fez-me habitar em trevas, como os mortos." Salmos 143:3

A perseguição do inimigo ao crente fiel tem um fim, que é chegar ao ponto de o debilitar, por meio do esgotamento espiritual.

➢ **Quer debilitar-te**

"Estou debilitado e mui quebrantado; tenho gemido por causa do desassossego do meu coração." Salmo 38:8

O inimigo não só persegue, mas também quer debilitar. Ás vezes pode consegui-lo, se o crente é débil e não mantém uma vida de oração. É por isto que a oração diária e fervente é um antídoto contra a debilidade espiritual.

"...e abateu a minha força; entregou-me o Senhor nas mãos contra as quais não poderei levantar-me." Lamentações 1:14

O profeta Jeremias sentia-se sem forças, debilitado, semelhante à expressão: "Sinto-me moído". Este termo pode comparar-se a alguém sentir-se aplanado por una máquina de milhares de toneladas de peso. Todos estes ataques depressivos, começam na mente, para logo se refletirem no corpo físico; algo semelhante ao que acontece no mundo espiritual; forma-se na esfera espiritual e então é refletido no mundo natural.

A arma poderosa para vencer estes sentimentos está em louvar o Senhor e entoar cânticos de vitória. Isto traz frescura e faz recuperar rapidamente as forças necessárias para continuar em frente.
Muitos indivíduos debilitam-se no seu homem interior ao levar uma vida de pecado. Isso abriu portas para que a serpente se chegasse a eles e os picasse Se deseja saber mais acerca deste tema, leia o livro *"Descobrindo Belial na Congregação dos Santos"* pelos autores José & Lidia Zapico.

Aí encontrará informação acerca de como atacam durante a noite os espíritos de maldição trazendo sonhos eróticos, tirando assim a energia.

> **Quer pôr-te doente**

O resultado dos ataques à mente (se não são parados e ministrados a tempo) podem manifestar-se no corpo físico trazendo tensão que vão provocar enfermidades. Umas, de tantas que poderíamos mencionar, são: dores nos ossos, úlceras, diabetes, pressão no coração stress, depressão, etc.
Assim o expressava o salmista:

"Tem misericórdia de mim, ó Senhor, porque estou enfermo; sara-me, ó Senhor, porque os meus ossos estão perturbados." Salmos 6:2

Antes de Jesus chegar à cruz, no mundo espiritual realizou-se a obra de cura. Antes mesmo de suceder, foi profetizado.
Quando Jesus estava na cruz disse: *"A obra está acabada..."* (João 19:30). Que obra? A

obra redentora estava acabada. A obra que foi profetizada conclui-se quando Jesus morreu na cruz.

"Mas Ele foi ferido pelas nossas rebeliões, moído pelos nossos pecados; o castigo que nos traz a paz estava sobre Ele, e pelas Suas chagas fomos curados." Isaías 53:5

Com a Sua morte, Jesus fechou (liquidou) qualquer impossibilidade para o homem, tanto no seu corpo como no seu interior. Há pessoas afetadas por uma enfermidade que às vezes podem não receber libertação total, porque no seu coração guardam rancor, falta de perdão pecados ocultos, dúvida, enquanto que ouras vezes crêem que a enfemidade vem da parte de Deus.

Recorda, as coisas realizam-se primeiro no espiritual e logo se manifestam à luz, no natural, sem limitação de tempo.

➢ **Cavar um buraco e colocar uma rede para fazer-te cair**

Esta é uma tática de guerra muito antiga; o salmista expõe isto como uma das muitas armadilhas que o inimigo prepara, para que a alma caia no "poço do desespero" para capturá-la de modo a mantê-la prisioneira.

Estas armadilhas podem ser tentações como flechas que golpeiam dentro da mente. Se não se sabe como vencer a tentação, há a possibilidade de cair na armadilha e uma vez capturada a alma (ou parte dela), fica prisioneira dentro de um poço de escuridão. Por isso muitos cristãos (apesar de assistirem na igreja com regularidade) continuam praticando pecados ocultos e isso impede-os de terem uma vida vitoriosa e servirem o Senhor na plenitude. Podem congregar-se, mas não têm um crescimento espiritual como deveriam. Se essas áreas ocultas não são ministradas a tempo, há o risco do inimigo ganhar a cada dia mais vantagem e do destino que Deus tinha preparado para essa pessoa não ser alcançado.

Cada um tem que encontrar o seu propósito. Deus mostra-te o princípio e o final, mas não o que sucede durante esse espaço de tempo; só tens que crer que Deus cumprirá o Seu propósito em ti.

"Porque sem causa encobriram de mim a rede numa cova; sem causa cavaram um buraco para a minha alma." Salmos 35:7

➤ Quer deprimir-te

A depressão e o stress é um dos problemas emocionais mais frequentes atualmente. O que o salmista Davi sentia nos tempos antigos, pode relacionar-se com o estado emocional de muitos no tempo presente. Milhares de pessoas caem espiritualmente, ficando presas em poços escuros e não sabem como sair de lá.

Uma das muitas manifestações da depressão é a insónia. O não descansar durante a noite traz a fadiga do corpo, a irritação, o descontrole do sistema nervoso e muito mais. O Salmista passou por esse processo de insónia, por isso escreveu o seguinte: *"Ao Senhor busquei no dia da minha angústia; levantava para Ele as minhas mãos de noite, sem descanso; a minha alma recusava ser consolada. Lembrava-me de Deus e me perturbava; queixava-me e o meu espírito desfalecia. (Selá) Não me deixavas pregar olho; estava tão quebrantado que não podia falar."* Salmos 77:2-4

> **Quer levantar-se contra ti com fúria**

O inimigo levanta-se contra a alma com fúria de cada vez que se alcançam mudanças e conquistas espirituais. *"Senhor, até quando verás isto? Resgata a minha alma das suas destruições, a minha vida dos leões."* Salmos 35:17

O salmista esteve nesses momentos difíceis quando era perseguido pelo adversário. Nesta situação, Davi suplica a Deus que se levante poderosamente contra esta perseguição, que era por causa do chamado e da unção derramada sobre a sua vida. Satanás odeia a unção porque é a própria presença de Deus, o fogo do Espírito que o queima.

Sempre terás que repreender o espírito de vingança, já que se levanta com fúria contra os filhos de Deus. No livro de Jeremias fala-se especificamente de três destes espíritos de vingança.

*"Portanto o **leão da selva** os matará, o **lobo do deserto** os destruirá, o **leopardo** espreita as suas cidades..." Jeremias 5:6*

Neste caso, os espíritos de vingança foram enviados da parte do Senhor, por causa do pecado e da desobediência de Israel. Quando sentes que as tuas finanças estão a ser saqueadas e a fúria de satanás está a tocar partes da tua vida, quer seja na área espiritual ou física, analisa se abriste alguma porta de pecado, porque os espíritos de fúria entram e atacam quando há portas abertas.

O espírito de vingança não só te ataca quando tens uma porta aberta, mas também te atacará quando alcances uma grande vitória na tua vida. Isso é feito para tratar de te roubar a bênção que acabaste de receber. Quando sabes que a tua vida está em obediência e santidade com Deus e o espírito de vingança te assaltar, repreende-o no Nome poderoso de Jesus; terá que fugir e a bênção de Deus continuará crescendo na tua vida.

"Levanta-te, ó Senhor, na Tua ira; exalta-te por causa do furor dos meus angustiadores, e desperta por mim, para o juízo que ordenaste."
Salmos 7:6

➢ **Quer levar-te a contender**

A contenda é uma tática antiga da parte do diabo. É enviada para causar divisão. Se ele consegue dividir os crentes, sabe que estes perdem poder.

A unidade é uma chave espiritual para a vitória efetiva.

"Lança fora ao escarnecedor e se irá a contenda. E cessará a questão e a afronta." Provérbios 22:10

Por detrás de cada contenda está a perversidade que leva aos maus entendidos. Esta ferida sentimental envolve a alma e causa divisão até entre os bons amigos. Por detrás de cada conflito há uma estratégia para debilitar os crentes e o inimigo é conhecedor de cada uma delas. Cada indivíduo que combate a boa batalha da fé tem que cuidar dos seus pensamentos atentamente. As feridas produzidas pelos mexericos, mais tarde ou mais cedo, abrirão portas para que o inimigo consiga levantar uma fortaleza de amargura.

> ➤ **Quer despojar-te**

"Todos os meus ossos dirão: Senhor, quem é como tu, que livras o aflito daquele que é mais forte do que ele e o pobre e o necessitado daquele que o rouba?" Salmos 35:10

Em tempos antigos, saquear os pertences do inimigo depois de ganhar a batalha era a recompensa pela vitória. Ao tomar a cidade e vencer o inimigo era adquirido como prémio o espólio de tudo como: Escudos de bronze, espadas, finas roupas, ouro, prata e tudo aquilo que era de valor.

Apenas temos duas opções nesta batalha pela fé: Ou nos despojam ou os despojamos.

Cada vez que alguém cai no engano ou em tentação, parte da alma cai prisioneira nas mãos do inimigo. Pouco a pouco vai sendo despojado das bênçãos que lhe pertencem, perdendo as riquezas espirituais.

Recordemos que o inimigo da alma é ladrão por excelência e o seu propósito é roubar e matar.

Nalguns, o inimigo conseguiu despojá-los de:

- Felicidade e alegria
- Sua saúde física
- Abundância económica

- Seus sonhos e objetivos desejados

Isto assemelha-se ao ensino de Jesus acerca do homem forte. Jesus Cristo, Ele mesmo, ensinou a atar o homem forte primeiro e depois despojá-lo. O que se poderá realmente tirar ao inimigo? O que te roubou ele? Tudo o que Satanás tem é porque o roubou e algumas coisas pertencem-te. Por favor, não te deixes roubar mais!

Analisa a tua vida para conhecer em que área foste despojado a fim de voltar a recuperá-la. Foste chamado a derrotar o teu inimigo e a despojá-lo em Nome de Jesus.

➢ **Quer encher-te de temor**

Não deixes que o temor domine a tua vida. *"No amor não há temor, antes o perfeito amor lança fora o temor..."* 1 João 4:18

Nunca faças o inimigo maior do que ele é. Se Deus é por nós, quem será contra nós?

O temor reina quando não há conhecimento da Palavra de Deus, e ignoras quem és em Cristo.

"Somente em Deus a minha alma é acalmada; d'Ele vem a minha salvação." Salmos 62:1

Enquanto não fores livre da fortaleza do temor não serás livre da confusão e da afronta.

➢ **Quer encher-te de opróbrio e confusão**

"Tu conheces a minha afronta, a minha confusão e o meu opróbrio; diante de Ti estão todos os meus adversários." Salmos 69:19

Não há algo mais deprimente que ver crentes que estão confundidos e que não sabem qual é a sua posição vitoriosa em Cristo. Vivem amargurados e confundidos nos seus sentimentos e temores. O inimigo aprisionou-os em cadeias de vergonha, são escarnecidos, humilhados e expostos ao opróbrio.

Viver debaixo dessa opressão não permite encontrar a solução para sair do estado em que se encontra. Lamentavelmente, também em nossos dias existe um evangelho ritualista religioso, onde as almas entram e saem dos templos, sem receber a ministração direta do Espírito de Deus, que os possa libertar das suas opressões e cargas. Nesta hora, a igreja tem que oferecer ao indivíduo a solução para os seus problemas e a libertação das suas cadeias espirituais; se não for assim, não está cumprindo com a Grande Comissão que lhe foi concedida.

Jesus Cristo veio libertar os cativos e estas são as boas novas do evangelho. Dentro do sistema ministerial, muitos opõem-se às manifestações do Espírito, porque dizem que são emocionais e distorcem a atividade metódica dos cultos. Façamos uma pergunta importante para ser respondida: Quem ministrará à alma para a livrar do seu opróbrio? Só o poder de Deus pode ministrar ao mais profundo do coração do homem. Mas o Senhor necessita dum corpo, que é a Sua Igreja, com mãos, pés, boca e um coração compassivo, para se manifestar. Precisa de ti!

➤ **Quer destruir-te.**

"E por Tua misericórdia dissiparás os meus inimigos, e destruirás a todos os adversários da minha alma, porque sou Teu servo." Salmos 143:12

Ainda que o inimigo queira destruir-te, Deus se encarregará de destruir a todos os adversários da tua alma. Diz o salmo que destruirá aos que falam mentira.

"Destruirás aqueles que falam mentira; ao homem sanguinário e enganador o Senhor abominará." Salmos 5:6

O Senhor sempre sairá ao teu encontro para te defender.

➤ **Range os seus dentes contra ti.**

Esta expressão parece ser quase impossível, mas é muito real, já que satanás odeia os escolhidos de Deus e range os dentes contra eles, contra os que conseguem viver em vitória. Ele despreza os filhos de Deus que são fiéis e guardam os mandamentos.

"Como lisonjeiros, escarnecedores e impostores,, rangeram contra mim os seus dentes.! Salmos 35:16

O facto de **ranger os dentes é** uma expressão de ódio e raiva, especialmente por não conseguir atingir os seus propósitos contra os escolhidos.

> ➢ **Está como leão rugente para devorar**

"Abriram contra mim a sua boca como um leão predatório e rugente." Salmos 22:13

A sensação do salmista Davi era como se tivesse um leão pelas costas, pronto para atacar e matar. É dessa maneira que se manifesta o leão, Chega sem avisar quando ninguém imagina. Este Salmo profético refere como se sentia a alma de Jesus nos momentos difíceis antes de morrer. O diabo é considerado como o adversário da alma, assim como o leão rugente que anda em derredor, buscando a quem devorar.

Às vezes, tu sentes que há leões que estão prontos para te atacar. *"Senhor, até quando verás isto? Resgata a minha alma das suas destruições, a minha vida dos leões."* Salmos 35:17

Jesus Cristo disse que Satanás vinha para roubar, matar, e destruir, que é um grande imitador, ao passo que Ele é o Leão da tribo de Judá.
"Não seja que arrebatem a minha alma como leão, e me destrocem, sem que haja quem me livre." *Salmos 7:2*

"Não digam no seu coração: Eia, alma nossa! Não digam: Nós o havemos devorado!" Salmos 35:25

Ainda que tenhamos um inimigo devastador contra nós, o Senhor envia o Seu anjo para proteger os Seus filhos. Daniel, servo de Deus fiel e verdadeiro, pôde experimentar fisicamente esta proteção.

"O meu Deus enviou o Seu anjo, que fechou a boca dos leões, para que não me fizessem dano, porque diante d'Ele fui achado inocente; e também contra ti, ó rei, não cometi mal algum." Daniel 6:22

Em toda a batalha espiritual, se estivermos cobertos com o Seu Sangue e nos mantivermos fiéis ao Senhor, Ele prometeu-nos estar connosco e guardar-nos de todo o mal.

Pode Alguém Ministrar a Si Próprio Libertação no Caso de Estar Debaixo do Ataque do Inimigo?

"Na angústia invoquei ao SENHOR e o SENHOR me respondeu, pondo-me num lugar largo." Salmos 118:5

O Senhor prometeu tirar os justos desse lugar escuro e esmagador (onde caiem pelas pressões).

Nos Salmos 91:15,16 encontra-se esta maravilhosa promessa diretamente do Senhor:
"Ele me invocará e Eu lhe responderei; estarei com ele na angústia; livrá-lo-ei e o glorificarei. Saciá-lo-ei com longos dias e lhe mostrarei a minha salvação."

Clamar a Deus com fé é um arma poderosa contra todo o ataque do inimigo. Deus prometeu estar na angústia e livrar-te dela. Clamar a Deus é uma arma poderosa contra os ataques do diabo! Ler os Salmos em voz alta e crer é um bom remédio que traz resultados para a alma triste e sem esperança. Sim, há esperança para sair do poço do desespero!

Crê incondicionalmente nesta Palavra e conseguirás pôr os teus pés sobre rocha firme..

Ele prometeu livrar-nos de todo o ardil do inimigo.

"Muitas são as aflições do justo, mas o Senhor te livrará de todas elas." Salmos 34:19

"Porque Ele livrará ao necessitado quando clamar, como também ao aflito que não tem quem o socorra. Terá misericórdia do pobre e do necessitado e salvará a vida dos pobres." Salmos 72:12-13

Ainda que tenhamos analisado de que maneira o inimigo ataca e como ser livre pela Palavra, vamos aprofundar a diferença que há entre a perseguição espiritual e os sentimentos da alma, um tema que trataremos no próximo capítulo.

4

Entendendo a Diferença entre um Ataque Espiritual e os Sentimentos da alma

A luta espiritual no homem pelo seu destino existe desde que Adão pecou. Em consequência da sua desobediência vieram as maldições. Uma maldição caiu sobre Adão, outra caiu sobre a velha serpente (Satanás) e outra sobre a terra e sobre a mulher. Ao ser seduzida pelo engano da serpente, ela caiu em transgressão. Por causa disto, começou uma perseguição espiritual contra a mulher que existe até ao dia de hoje. Nesta batalha espiritual, Cristo, o último Adão, veio para vencer satanás e para abolir a maldição dada no jardim do Éden, tanto para a mulher como para o homem.

Para andar em completa vitória, cada crente em Cristo tem que conhecer esta verdade. Esta te ajudará a diferenciar entre o ataque direto do inimigo e os sentimentos enganosos do coração. algo que em muitas ocasiões é difícil de conseguir, já que os sentimentos algumas vezes se entrelaçam com a dor e a ira.

Para diferenciar esta "luta" (que a alma enfrenta) deve conhecer-se como esta se conduz dentro do ser humano. Os sentimentos, entrelaçados com a mente, o espírito humano e os sentidos do corpo, formam uma vasta montanha de ideias, emoções, deceções, temores, alegrias, amarguras, frustrações, ilusões fictícias, imaginações, desconfiança, ira e uma lista interminável de outros sentimentos. Estes convertem-se num mar de turbulência difícil de interpretar, quando o ser humano depende cem por cento deles.

Os médicos dizem que o coração, os pulmões e o rins trabalham juntos. Quer dizer, se um deles fica doente (por exemplo, o coração), o paciente, ainda que esteja fraco, pode sobreviver. No entanto, se os três param ao mesmo tempo, a possibilidade de viver é mínima.

Também a alma trabalha unida aos sentimentos (coração) e à mente dentro do corpo do ser humano.

Todas as nossas emoções estão entrelaçadas entre a alma e o espírito humano dentro do corpo (o espírito do homem está em todo o corpo e em cada célula através do sangue, donde emana a vida).
Os filósofos separam em duas as cavidades profundas do espírito do homem.
Uma, chamam-na de inconsciente, e a outra de subconsciente. No entanto Provérbios 20:27, refere que "*o espírito do homem é a lâmpada do Senhor, que esquadrinha o mais profundo do coração do homem.*" A Palavra não especifica essas duas cavidades do espírito do homem. Paulo, nas suas epístolas, menciona a consciência como o ponto donde o Espírito de Deus traz ao coração do homem a reflexão acerca da verdade.

A palavra alma define-se como "*o que tem vida*" ou "*o sopro da vida*", isto é, a própria existência do ser humano. A sua primeira função é dar vida ao corpo. Então, pode definir-se a alma como *"a imagem do fôlego"*, ou o sopro divino do Omnipotente. Deus soprou fôlego de vida em Adão e fez dele um ser vivente (Génesis 2:7).

Os sentimentos estão muito ligados à reação rápida que emite o cérebro. O cheiro de um perfume, por exemplo, pode trazer lembranças de muitos anos atrás. Assim também, A nossa mente liga-se à mínima dor e rapidamente surge a dúvida, o medo e o espanto, acompanhado de pensamentos que trazem temor, sem que se possa evitá-lo. Basta uma só recordação, sem palavras, e o rubor sobe à face.

Vamos analisar os problemas que se relacionam com base no caminhar sob a pressão dos sentimentos:

O ser humano é um ser sumamente emotivo e muitas vezes falha ao julgar indevidamente as situações que está a atravessar. Muitas vezes sente-se abatido pelos sentimentos contrários, não desejados. Outras vezes, Deus permite que passe por processos dolorosos, para que do barro se forme um vaso ou da rocha saia um diamante.

Em outras ocasiões, a pessoa recebe ataques diretos, como dardos de fogo, da parte de satanás. Mas lembra-te: "todos os que resistem ao inimigo, sempre saem triunfantes de cada situação".

Vejamos três delas:

1. As emoções contraditórias da alma natural.
2. A prova permitida por Deus.
3. Perseguição espiritual causada pelo inimigo.

1- As emoções contraditórias da alma natural.

O apóstolo Paulo, na sua carta aos Colossenses, exorta-nos a que nos despojemos do velho homem (com todos os seus atos pecaminosos), para nos revestirmos do novo, o qual foi criado à imagem do Pai e que se renova constantemente até ao conhecimento pleno de nosso Senhor Jesus Cristo (Colossenses 3:9-11). Quando o apóstolo escreve acerca de despojar-se do "velho homem", está a referir-se a tirar a velha vestimenta que cobre a alma. A mesma coisa, quando fala de revestir-se, quer dizer tirar as vestes (cheias de emoções não centradas em Cristo) e colocar umas melhores (aquelas que nos levarão ao pleno conhecimento do mais elevado, que é Cristo).

Na epístola aos Efésios, amplia-nos um pouco mais este conceito:

"Que, quanto ao trato passado, vos despojeis do velho homem, que se corrompe pelas concupiscências do engano, e vos renoveis no espírito da vossa mente, e vos revistais do novo homem, criado segundo Deus na justiça e santidade da verdade.". Efésios 4:22-24

Destaca-se a imagem do "velho" e do "novo". Também é realçado o "espírito da nossa mente", uma mente viva que se sujeita à mente de Cristo.

Na carta aos Romanos, Paulo diz-nos que o *"velho homem foi crucificado juntamente com Ele, para que o corpo do pecado seja destruído, a fim de que não sirvamos mais ao pecado."* Romanos 6:6

Para que consigas ser um crente vitorioso em todas as áreas espirituais, deves conhecer a diferença que existe entre viver debaixo do efeito das emoções e andar no espírito.

Olha com cuidado para a seguinte lista que qualifica os estados anímicos que podem controlar a alma. Muitos deles a oprimem, enquanto outros a escravizam.
Se estes estados emocionais negativos perdurarem, mais tarde refletir-se-ão no corpo físico, como enfermidades, que em muitos casos serão irreversíveis.

Liberta primeiro a alma das suas prisões e o resto será solucionado.

Primeira Lista de Estados Emocionais Negativos

Quantas vezes te sentes:

Abusado - quando uma pessoa foi agredida verbal ou fisicamente por outra, sente-se rejeitada e indevidamente ferida.

Acabado - Forma negativa de se sentir mentalmente como um fracassado, destruído interiormente. Nenhum ser humano é, por natureza, um fracassado; se a mente é ativada positivamente, o fracasso será transformado em êxito.

Afadigado – Fadiga, pena, aperto. O contrário a não repousar, confiar ou crer em algo ou em alguém. A Palavra de Deus exorta a não estar afadigado; quando a confiança e a fé estão debilitadas, a alma entra em stresse, distraindo-se e, por conseguinte, enfraquecendo a fé.

Sem fé é impossível agradar a Deus (*Hebreus 11:6*). A disciplina na leitura da

Palavra de Deus fará que a confiança cresça e o estado ansioso da alma desapareça.

"Me regozijarei e me alegrarei na Tua misericórdia, pois viste a minha aflição; conheceste a minha alma nas angústias. Não me entregaste na mão do inimigo; puseste os meus pés num lugar espaçoso. Tem misericórdia de mim, ó Senhor, porque estou em angústia; consumiram-se de tristeza os meus olhos, a minha alma e também o meu corpo." Salmos 31:7-9

"Verá o fruto da aflição da sua alma, e ficará satisfeito..." Isaías 53:11

Irado - Estado emocional à beira de perder o controle da situação. Ira de fúria unida à violência.

Frustração retida, prestes a explodir. Espírito de ira manifestado. Rédia solta aos sentimentos reprimidos. Neste caso, há que ter cuidado para poder contê-la, porque a sua consequência pode ser muito prejudicial.

Amargurado - Sentimento de dor, pena e aflição. Deve evitar-se estar assim por um longo período de tempo, uma vez que pode trazer um estado permanente de ressentimento e, então, converter-se em raiz de amargura. Desse estado provém o ódio.

Angustiado - A angústia é mais que um sentimento da alma, ela chega até ao espírito do homem. Jesus Cristo sentiu-se angustiado, mas foi só por um tempo. Logo se alegrou ao ver o fruto da sua angústia, já que houve milhares e milhares de redimidos em resultado da Sua morte. Muitos anos antes disto suceder, já o profeta o tinha visto no seu espírito e o escreveu (Isaías 53:7).

Ansioso - Estado de ânimo relacionado com os nervos do corpo, debaixo de muito stresse. Muito parecido com afadigado. (Ver *Afadigado*)

Apagado - Sem vontade de fazer as coisas, com o estado de ânimo baixo. Propenso a entrar em depressão. A pessoa deve analisar-se para buscar ajuda a tempo.

Apático - Desleixo, falta de interesse, de vigor ou de energia. O Espírito Santo desceu no Pentecostes para encher de poder a cada crente. Da mesma forma, todo aquele que O busca recebe novas forças espirituais.

Miserável - Estado de ânimo muito baixo, no chão. Ter como consequência inevitável que outro sempre o tenha que animar emocionalmente. Necessita sempre das forças de outros para atuar. Depende das orações dos demais.

Atropelado - Sentir-se derrubado ou empurrado com violência por alguém que quer passar por cima dele para o deixar para trás.

Enganado - Sentimento de que foi ridicularizado, defraudado ou ludibriado por alguém.

Cansado - É quando a pessoa se sente fatigada e com falta de força espiritual. Jesus Cristo convidou todos aqueles que se sentiam cansados a se aproximarem d'Ele e receberem descanso. O repouso que leva a desfrutar da paz e da serenidade, que a presença de Deus traz ao coração.

Sobrecarregado - É o período emocional no qual a alma carrega um peso de preocupação por algo ou alguém que a oprime mais do que é habitual. Por isso, Jesus se referiu tanto ao cansaço e à carga, seja físico ou espiritual.

Ciumento - A pessoa só quer monopolizar a atenção para si mesma. É um espírito forte que quer controlar outros. O substantivo de ciúme significa: Cuidado, esmero, diligência, ardor, entusiasmo, devoção. Intensifica as ideias expressas pelos seus sinónimos e também está relacionado com assiduidade ou continuidade. O ardor, o entusiasmo e a devoção podem ser passageiros; o ciúme é contínuo e manifesta-se na reiteração de atos.

Censurado - Sentir-se desprezado por outros. Não aceite. Ser criticado e ver-se destratado por outros.

Confuso - Ter dúvida e falta de clareza no pensamento. Não conseguir distinguir a verdade. Estar debaixo de um estado de agitação. Não discernir corretamente a realidade existente.

Convencido – Crê que sabe tudo. Dá-se bem com o soberbo e o orgulhoso.

Culpado - Estado da alma não redimida, quer dizer, que não recebeu o perdão pelo Sangue de Jesus. É quando a alma está abatida por não receber o favor do perdão. O culpado está debaixo de uma tensão que o faz centrar-se nas suas más atitudes. O homem não regenerado por Deus, sempre se sentirá culpado, porque está descoberto diante dos olhos de Deus, por causa do seu pecado.

Depressivo - Ter um baixo estado de ânimo, caracterizado por sentimentos de tristeza e de baixa autoestima. O salmista compara isso a alguém que cai num poço profundo. (Salmo 40:2)

Desconfiado - Sente insegurança de si mesmo e não acredita nos outros. Tem pouco ânimo para tomar decisões.

Desprezado - Rejeitado, abandonado, abertura para a depressão.

Ambíguo – Custa-lhe fazer mudanças e nunca alcança metas. A pessoa que duvida é como as ondas do mar que vão para cima e para baixo.

Aprisionado - A pessoa sente que não avança na sua vida espiritual e sempre está girando dentro de um mesmo círculo. Tem tendência a estar debaixo de complexos emocionais. É como se estivesse dentro de si mesma sem poder desenvolver-se em muitas áreas, nem prosperar.

Zangado - Sentimento antes da ira. Período forte de frustração, ardor, furor e indignação. A raiva traz carga e cansaço, tanto físico como espiritual. A própria pessoa deve desbloquear-se e superar a situação embaraçosa, antes que passe a um estado mais crítico. Com mente positiva e perdoadora será possível superar este estado anímico. O perigo está quando se fixa na alma, tornando-se crónico e permanente. Isto leva a construir o caráter.

A pessoa deve ser ministrada quando a raiva é uma maldição geracional. Se não é controlada a tempo, a raiva abrirá a porta à ira e à fúria. A raiva controlará a pessoa levando-a do ardor ao furor e à indignação, para terminar em ira.

A Palavra diz que *"O que facilmente se indigna fará loucuras...Provérbios 14:17*

Quando uma pessoa está influenciada pela raiva, o Espírito de Deus não pode fluir livremente. Jesus disse que *"qualquer que se encolerizar contra seu irmão será réu de juízo..."* Mateus 5:22. Deve renunciar-se à raiva antes que o sol se ponha e resolver os assuntos, para começar um novo dia tendo perdoado as ofensas, a fim de ser totalmente livre desta opressão. (Efésios 4:26)

Invejoso – Cobiçar o alheio. A pessoa invejosa está revoltada por não ter o que o outro possui e fará (por capricho) todo o possível para alcançá-lo. Se isto não se controla, trará uma tristeza de raiva, causando um grande desgosto no interior da pessoa. A inveja também pode acabar por controlá-la, se não se intervém a tempo. A inveja, mais do que um estado emocional, é um pecado. Nos dez mandamentos, dados a Moisés pelo Senhor Deus, está escrito: *"Não cobiçarás a casa do teu próximo, não cobiçarás a mulher do teu próximo, nem o seu servo, nem a sua criada, nem o seu boi, nem o seu burro, nem coisa alguma do teu próximo."* Êxodo 20:17

Stressado - É o estado alterado de um indivíduo por exigir ao seu corpo um rendimento superior ao normal. Pela crescente procura de consumo, o homem e a mulher trabalham excessivamente, trazendo stresse à mente. Isto produz fadiga, esgotamento, ansiedade e tensão nervosa. O stresse está relacionado com o afã. (Ver *Afadigado*)

Frustrado – Fracasso de uma esperança ou um desejo, por não conseguir o que esperava. Como nunca antes, nos dias de hoje, a mente é bombardeada por milhares de anúncios publicitários e exigências. A sociedade atual apresenta um ritmo de vida que nem todos podem seguir. Essa competição diária consegue frustrar a mente do indivíduo quando este não alcança as metas ou o objetivo que quer atingir. As prioridades devem ser analisadas, para as colocar em ordem.

Furioso - A fúria vem da frustração retida. (Ver *Zangado*)

Ferido emocionalmente - As feridas emocionais são produzidas pela rejeição, o desprezo e pelo abandono. Toda a pessoa que encontra Cristo e conhece o Seu amor é ministrada nessa área. O perdão cura todas as feridas produzidas pelo desprezo que recebeu.

Histérico - É uma pessoa influenciada e dominada totalmente pela ira; é aquela que responde com exagero a diferentes estímulos. Está cem por cento propensa a perder o controle de si mesma, física e emocionalmente.

Impaciente - Alma ansiosa. O oposto à paciência.

Impotente - Ter falta de força para fazer algo. Às vezes quer fazer mais coisas do que as que pode fazer. A impotência traz a frustração.

Incompreendido - Sentimento ligado à rejeição, com laços de solidão. Achar-se desprezado nas opiniões dos outros.

Inseguro - É uma pessoa com complexos e baixa autoestima, que não pode fazer as coisas por si mesma, por isso sempre precisa que outros a estimulem.

Intolerável - Não respeita as opiniões dos outros. Não se pode aguentar por causa da sua rebeldia, mau carácter e más palavras.

Cheio de ódio - Para chegar a este estado emocional, primeiramente teve que haver falta de perdão e isso fez crescer a raiz de amargura dentro de si. O seu fruto é o ódio. É contrário ao amor, sendo um espírito muito venenoso. Eventualmente, este deixa de ser um estado emocional da alma para se converter num espírito maligno.

Medroso - O medo é um espírito de temor, e a pessoa atacada por este espírito deve confrontá-lo com fé e lançá-lo fora. Geralmente opera de fora para dentro. Ninguém em si mesmo é medroso, a não ser quando é atacado por um espírito de medo que assedia a mente, conseguindo muitas vezes paralisar o corpo, deixando a pessoa completamente bloqueada.

Deve ter-se consciência disto, não existe uma pessoa medrosa. A pessoa está dominada por este espírito, oprimindo-a. Como consegue isso? Levando a pessoa à dúvida e à incredulidade.
O espírito de temor vence-se tendo uma mente positiva, sabendo quem é em Cristo.

Ordinário - A pessoa sente-se suja. Sentimento negativo em relação a si mesma.
A pessoa sente-se inferior e miserável, quando ocasionalmente tenha sido violada ou abusada.

Orgulhoso - Centrado no seu "eu" (em si mesmo). Sente-se superior a outros e isto faz com que se isole. Esse mesmo orgulho envolve-o e afasta-o da realidade de se dar. O orgulho enche-nos de vaidade e de vã glória. A irmã gémea do orgulho é a soberba. A pessoa orgulhosa está influenciada pelo espírito de leviatã, que é o principado rei sobre todos os soberbos. (Jó 41:34)

Aparatoso - Crê que tem mais que os outros, enganando-se a ele próprio.

Perdido - Desorientado e confundido. Muitas vezes as pessoas entram neste estado de dúvida. Não entendem nem sabem o que devem fazer. É como ter um bloqueio mental e confusão. É mais que um estado de ânimo, e é muito perigoso, mas na oração de libertação, a pessoa fica livre.

Preguiçoso – Parecido com o cansaço espiritual, mas neste caso o desalento é físico. A pessoa deve esforçar-se para mudar a sua atitude. Também a leva a não trabalhar no momento adequado, por isso perde as boas oportunidades e a prosperidade nunca chega a ela.

"A alma do preguiçoso deseja e nada alcança; mas a alma dos diligentes prosperará."
Provérbios 13:4

Maltratado – Sentir-se feito pó. (Ver *Ferido*)

Furioso - Um sintoma da frustração violenta. Ira retida.

Rebelde - Não obedece nem gosta de o fazer. Tem o coração difícil de governar ou dirigir. É mais do que um sentimento da alma, é um espírito de rebelião. Deleita-se na desorganização. É anarquista.
Às vezes chama a atenção para justificar a sua rebeldia.
Não se sujeita nem quer fazê-lo. Este espírito abre as portas a outros, tais como: Não reconhecer a autoridade nem submeter-se a ela, ódio, rancor, isolamento, engano, rejeição à sociedade, ódio a tudo o que está sujeito à justiça divina.

Rancoroso - É alguém que sempre alimenta os pensamentos de ressentimento. Mantém constantemente vivos as recordações de maus tratos, levando-o a sentir-se ferido. Compraz-se em se lastimar ao recordá-los, e mantém-se debaixo desse estado emocional sem querer sair.

Relutante - Não quer aceitar nada dos outros, e muito menos os conselhos. Tem pavor às ordens. Não fará o que lhe é exigido. Este espírito junta-se aos frustrados e aos rebeldes.

Ressentido - Diz-se da pessoa que não perdoou totalmente. Sente-se complexada e ressentida pela causa que ela própria crê estar ferida.

Resistente - Não tolera nem os acontecimentos ocorridos nem as mudanças. A sua mente não consegue captar nem está preparada para as mudanças. Duvida de todos.

Solitário - Sente-se desamparado, ainda que esteja rodeado de pessoas.

Desconfiado - Estar convencido que sempre o perseguem. Opressão na mente. Sofre de mania da perseguição.

Triste - Afligido ou penalizado. Às vezes é causado por uma dor muito forte que não pôde superar. Muitas vezes de carácter melancólico, de aparência sombria. Pode ser uma fase temporária, para logo a pessoa recobrar o seu estado original, mas se a pessoa se acostuma a viver assim, isto tem tendência a converter-se em raiz de amargura.

Perturbado – Bloqueio mental. Confusão crónica; venda de encantamento nos pensamentos. (Ver *Perdido*)

Vazio - Quando a alma não está cheia do Espírito de Deus, nem tem amor.

Vil - Sentir-se desprezível, com falta de apreço. Período de tempo em que o Sangue de Jesus Cristo não o o limpou de todos os seus pecados.

Vulnerável - Inconsistente e sensível . Pode ser facilmente ferido ou danificado moralmente, por causa do seu estado de fragilidade.
A maioria destes períodos de ânimo, que estão debaixo do domínio da mente e dos

sentimentos, devem ser levados à cruz do Calvário, para que a pessoa se livre deles.

É a ira um espírito demoníaco que oprime a alma? Que é o orgulho, que é a soberba? Um pecado (portas abertas) torna-se uma fortaleza dentro da alma? É o ódio um espírito de maldade? É a inveja mais do que uma forma caprichosa de se comportar? Pode a falta de perdão converter-se numa raiz de amargura? É a rejeição um espírito imundo?

Alguns estados emocionais não são pecados; mas, se a pessoa não se arrepender e afastar-se deles a tempo, partes da alma podem ficar prisioneiras. Todos estes estados emocionais negativos têm que ser passageiros na vida. Se alguns deles conseguem ganhar raiz, converter-se-ão numa "fortaleza", que é uma área no interior do ser humano debaixo do controle das trevas. Dito de outra maneira, estes estados de ânimo podem ser encerrados em pequenos cárceres que irão aprisionar a alma até deixar parte dela presa em trevas.

Jesus disse:
Assim que, se todo o teu corpo está cheio de luz, não tendo parte alguma em trevas, todo será luminoso, como quando uma lâmpada te alumia com o seu esplendor." Lucas 11:36

Isto quer dizer que se uma parte do coração guarda pecado, ainda que ela possa crer que está na luz (porque diz amar a Deus), as trevas que aí habitam farão que não ilumine como tem que iluminar. O corpo não brilhará completamente até que a luz chegue a dominar totalmente.

O Senhor manda-nos olhar ao espelho da Sua Palavra, para vermos como Ele nos vê. Por isso, precisa de tirar esses vestidos sujos que compõem a primeira lista de opressões e fortalezas espirituais, para se revestir de novas vestes, postas pelo Espírito de Deus.

Segunda Lista de Períodos Emocionais Positivos

Acostuma-te a viver da seguinte maneira:

- Amável
- Amigável
- Amparado debaixo do sangue
- Com benignidade
- Com novas metas
- Com paz
- Confiando em Deus e na Sua Palavra
- Consolando a outros
- Contente
- Crendo
- Generoso
- Dinâmico
- Em repouso
- Esperançado
- Gozoso
- Humilde
- Cheio de amor
- Cheio de bons pensamentos
- Cheio de fé
- Cheio do Espírito de Deus
- Misericordioso
- Ordenado
- Perdoando
- Seguro

É muito importante que aprendas a analisar-te a cada dia, tanto se estás vivendo debaixo dos teus próprios caprichos, ou caminhas conforme a vontade de Deus. Sempre o faças de acordo com a Palavra para te manteres saudável espiritualmente.

Às vezes Deus permite que o que "mais queres" seja sacudido da tua vida, para que saibas que Ele é o que está tratando diretamente contigo. Isto se chama: *"A prova permitida por Deus"*.

1- A Prova Permitida por Deus

Jesus Cristo foi um exemplo para nós, já que Ele passou pela *"prova permitida por Deus"*. A Sua vida, o Seu exemplo, as noites sem dormir e os jejuns, conduziram-no a cumprir o plano traçado pelo Pai. A prova maior que Ele viveu não foi durante as horas de agonia na cruz, mas antes, quando tomou a decisão, no monte das Oliveiras, de ir voluntariamente como cordeiro à cruz. Nesse lugar, apenas algumas horas antes de ser preso, a sua alma estava batalhando em angústia. Mas Ele se entregou aos seus inimigos para que, na Sua vida, se realizasse a perfeita vontade d'Aquele que o havia enviado. Diante da realidade, como ser humano, Ele devia escolher. Orou fielmente três vezes ao Seu Pai, dizendo: *"...passa de mim este cálice, mas que não se faça a minha vontade, mas a tua."* Lucas 22:42

O autor de Hebreus escreveu o seguinte:

"...Então disse: Eis aqui venho, para fazer, ó Deus, a tua vontade. Tira o primeiro, para estabelecer este último. Nessa vontade somos santificados mediante a oferenda do corpo de Jesus Cristo, feita uma vez para sempre." Hebreus 10:9-10

Jesus entregou a Sua vontade e sofreu a disciplina do Pai celestial, porque era necessário que fosse quebrantado e humilhado por nós. A Sua recompensa foi o fruto de milhões de almas redimidas.

Se alguma vez te sentiste como que passando pela *"prova permitida por Deus"*, recorda, isso é sinal de que és um filho de Deus.
A tristeza que é produzida pela disciplina, depois traz alegria.

Como diz: "*É verdade que nenhuma disciplina no presente parece ser causa de gozo, senão de tristeza; mas depois produz um fruto aprazível de justiça, nos que foram exercitados por ela.*" *Hebreus 12:11*

Se neste momento estás passando por um deserto espiritual, onde crês que ninguém te ajuda e tens que tomar decisões muito pessoais, a primeira coisa que deves fazer, antes de tudo, é reconhecer que Deus está no controle da tua vida. Isto te levará a buscar e a estar mais perto da Sua presença. Jesus prometeu " *E eis que estou convosco, todos os dias, até ao fim do mundo*" Mateus 28:20.

Muitos na prova se perturbam, e vêem as coisas turbulentas (como os discípulos no barco viram a Jesus como um fantasma). Nesses momentos é preciso saber que Ele está presente, mesmo que a alma se sinta só e não o esteja a entender claramente.

A influência da escuridão e a turbulência da tormenta é enviada com o propósito de fazer perder a visão e a fé, para que a alma entre em desespero.

As provas são necessárias, porque, depois que tudo volte à normalidade, vais poder ver que elas foram o instrumento para te levar a novos níveis. Este tratamento direto é para obter uma comunhão mais íntima e pessoal com Ele.

É perigoso que más decisões se tomem nesta situação difícil. Embora pareça difícil, a calma deve ser mantida (já que nesses momentos tudo é abalado, até a débil fé) para não abrir portas, talvez, até à própria tentação.

2- Perseguição Espiritual por Causa da Desobediência

Nesta área, nem todos podem entender a situação que está a acontecer. Porque se estabelece uma batalha interior, entre a dúvida dos seus pensamentos e a tentação direta dos demónios.

Muitas pessoas vivem apegadas aos sentimentos do passado (ligaduras emocionais). Também as permanentes portas entreabertas (desobediência contínua) dão oportunidade para que se caia num esfriamento espiritual.

Há que ver, desde um ponto de vista objetivo, a raiz das circunstâncias, para dessa maneira poder obter a vitória em todas as áreas, tanto na batalha da mente (tentação ou confusão nos sentimentos), como nas batalhas espirituais (ataques diretos do inimigo).

Quando uma pessoa decide buscar a Deus e fazer a Sua vontade, tarde ou cedo vai confrontar-se com o inimigo (este lutará pela parte que conseguiu pôr debaixo de trevas, sem querer largar). Se a pessoa insiste em viver em pecado e não se aparta totalmente da vida pecaminosa, será escrava dos seus próprios sentimentos e nunca gozará de uma vida vitoriosa em Cristo.

Se vamos a Cristo e morremos para a nossa velha maneira de ser, juntamente com Ele na cruz, seremos mais que vencedores.

Isto é muito importante e é um facto que se realiza pela fé.
A obediência far-te-á livre da escravidão do pecado e começarás a experimentar uma vida bem sucedida que satanás não poderá tocar. Analisa-te e não permitas que nenhum lugar da tua alma caia presa do inimigo.

As mentiras, o engano e toda a obra da carne é uma oportunidade para que o inimigo tome vantagem sobre ti. Outras das "portas abertas" mais comuns são: A desobediência e a rebeldia. Principalmente a desobediência, que prende a alma e se converte em pecado de feitiçaria. É uma prisão de escuridão terrível dentro da alma; muitos cristãos, em vez de cumprirem a totalidade do evangelho, eles próprios se convertem em escravos do pecado.

Recorda, se abres portas ao pecado serás escravo dele. O Senhor chamou-te para libertar os cativos, não sejas tu escravo, antes converte-te num libertador dos outros.

Morando por um Tempo em Trevas

Jonas é um exemplo vivo de com um crente pode cair na escravidão da alma por causa da desobediência. Ele teve que permanecer no ventre do peixe, rodeado de trevas e algas marinhas até ao pescoço, semelhante a estar no próprio ventre do Hades.
"Porque o inimigo perseguiu a minha alma; abateu a minha vida até ao chão; fez-me habitar

em trevas como aqueles que já morreram."
Salmos 143:3

Já te perguntaste quantos crentes vivem dentro do ventre da escuridão por causa da desobediência, que é andar nos seus próprios caminhos? A sua vida, aparentemente *"cristã"*, não sai de um círculo vicioso.

Estes círculos não tem saída, porque o pecado da desobediência encerrou-os em abôbodas de escuridão.

Só o clamor da alma sincera ao único libertador, que é Jesus Cristo, fará que a alma venha à tona do desespero.

"Então orou Jonas ao Senhor seu Deus desde o ventre do peixe, e disse: Invoquei ao Senhor na minha angústia, e Ele me ouviu; desde o seio do Seol clamei, e ouviste a minha voz. Lançaste-me no profundo, no meio dos mares, e corrente me cercou; todas as tuas ondas e as tuas vagas passaram sobre mim. Então disse: Lançado estou diante dos teus olhos; mas ainda verei o

teu santo templo...; mas tu tiraste a minha vida da sepultura, ó Senhor, Deus meu. Quando a minha alma desfalecia, me lembrei do Senhor, e a minha oração chegou a ti, no teu santo templo." Jonas 2:1-7

O mais maravilhoso disto é que quando a alma clama a Deus com sinceridade, sempre acha resposta.

"Ó Senhor, fizeste subir a minha alma do Seol; deste-me vida, para que não descesse à sepultura. Cantai ao Senhor, vós, os seus santos, e celebrai a memória da sua santidade. Porque a sua ira é só por um momento, mas o seu favor dura toda a vida. O choro pode durar uma noite, mas a alegria virá pela manhã." Salmos 30:3-5

É muito importante confessar ao Senhor, um a um, os pecados pelos quais as portas foram abertas. Há que renunciar em voz alta, a fim de obter libertação total e absoluta.

"Assim diz o Senhor: No tempo favorável te ouvi, e no dia da salvação te ajudei; e te guardarei, e te darei por pacto ao povo, para que restaures a terra, para lhes dares em herança as herdades assoladas; para que digas aos presos: Saí; e aos que estão em trevas: Aparecei. Nos caminhos serão apascentados, e em todos os lugares altos terão os seus pastos." Isaías 49:8,9

Como se sentiam os homens de Deus?

Muitas vezes a alma do fiel seguidor é posta à prova e afligida. Vejamos alguns destes homens de Deus, que passaram por provas semelhantes.

➢ **David sentia-se atolado no mais profundo da lama (barro), nos abismos das águas.**

"Estou atolado em profundo lamaçal, onde não posso estar de pé; entrei na profundeza das águas, e a corrente me levou." Salmos 69:2

➢ **Sentia-se debaixo duma pressão de Solidão e Desolação.**

"E o meu espírito s angustiou dentro de mim, o meu coração está desolado." Salmos 143:4

➢ Jó estava em amargura de alma.

"Portanto, não reprimirei a minha boca; falarei na angústia do meu espírito, e me queixarei na amargura da minha alma." Jó 7:11

➢ Jonas sentiu como o abismo da escuridão o rodeava e a própria morte o queria cobrir.

"As águas me cercaram até à alma, o abismo me rodeou; as algas se enrolaram na minha cabeça. Desci até aos fundamentos dos montes; os ferrolhos da terra correram-se sobre mim para sempre." Jonas 2:5

➢ Jesus sentiu como a sua alma estava perturbada.

"Até a minha alma está perturbada; e tu, Senhor, até quando?" Salmos 6:3

A perturbação é um dardo do inimigo contra a tua mente, pelo que deves repreendê-la e confessar que esse dardo não pode permanecer dentro de ti. Lembra-te que és livre pela fé.

> **O salmista sentia-se aflito.**

"Tornaram-me o mal pelo bem, para afligir a minha alma." Salmos 35:12

Se a aflição vem da parte dos que invejam a tua vida espiritual, deves resistir-lhe e vencê-la, tendo em mente que o gozo do Senhor é a tua fortaleza, com o qual vencerás.

> **Às vezes a alma sente-se abalada até ao pó.**

"Porque a nossa alma está abalada até ao pó, e o nosso corpo prostrado até ao chão."
Salmos 44:25

Não confessarás: «Estou de rastos!», mas, em vez disso, reduzirás os teus inimigos a pó. Deus dá o poder e as forças aos Seus fiéis para o conseguir.

"E os esmiucei como o pó diante do vento."
Salmos 18:42

Não são inimigos físicos, mas são aos espíritos de aflição e destruição que pisarás, como disse Jesus: *"Eis que vos dou poder para pisar serpentes e escorpiões, e sobre toda a força do inimigo, e nada vos fará dano algum."* Lucas 10:19

➢ **Davi sentia-se despedaçado por dentro.**

"Mas eles se alegraram na minha adversidade, e se ajuntaram; se ajuntaram contra mim gentes desprezíveis, e eu não o entendia; despedaçavam-me sem descanso..."
Salmos 35:15

Mas Deus levantar-se-á contra a fúria dos meus angustiadores.

"Levanta-te, ó Senhor, na tua ira; exalta-te contra a fúria dos meus angustiadores, e desperta a meu favor, para o juízo que ordenaste." Salmos 7:6

"Vibra os teus raios e dissipa-os; envia as tuas flechas e desbarata-os." Salmo 144:6

Se já alguma vez te sentiste assim, busca e clama a Deus. Apropria-te dos textos maravilhosos que te levantam em fé e repete-os na tua mente de contínuo.

"Clamou este pobre e o Senhor o ouviu; e o livrou de todas as suas angústias." Salmos 34:6

"Levanta-te, ó Senhor! Sai ao seu encontro, derruba-os; livra a minha alma dos maus com a tua espada..." Salmos 17:13

"Confortará a minha alma; guiar-me-á pelas veredas da justiça por amor do seu nome." Salmos 23:3

"A ti, ó Senhor, levantarei a minha alma. Deus meu, em ti confio; não seja eu envergonhado,

nem se alegrem de mim os meus inimigos". Salmos 25:1, 2

"Busquei ao Senhor e ele me ouviu, e me livrou de todos os meus temores." Salmos 34:4

Que maravilhosa promessa! Se O buscas com todo o teu coração, serás livre do ataque do inimigo. Esta Palavra escrita (especialmente nos Salmos) converte-se numa poderosa oração que despoja o poder do inimigo. É disto que trata o próximo capítulo.

5

Oração de Guerra nos Salmos

Como vimos no capítulo anterior, quando encontra uma porta aberta, o inimigo (já que ele é o grande oportunista) aproveita para lançar as suas setas e dardos.

Neste capítulo analisar-se-á através dos escritos dos Salmos, as táticas e as orações que o salmista usou para derrotar os seus inimigos. É muito importante saber que Davi teve o coração conforme ao desejo de Deus, ele foi adorador e também guerreiro. Desde a sua tenra idade aprendeu a confiar em Deus e não nas suas próprias forças. Inspirado por um espírito adorador escreveu o cântico:

"Ainda que eu ande pelo vale da sombra da morte, não temerei mal algum..." - Salmos 23:4

"Bendito seja o Senhor, minha rocha, que adestra as minhas mãos para a peleja e os meus dedos para a guerra..." - Salmos 144:1

Oração: «No nome de Jesus, voltem atrás todos os que se levantam contra mim e intentam o meu mal, e sejam desmascaradas todas a artimanhas do inimigo. Senhor Todo Poderoso, confunde os planos de Satanás contra a minha vida e contra o teu povo e não deixes que ele controle e opere mais nesta situação. Transtorna o seus planos contra a minha vida (Provérbios 22:12), porque eu só caminharei pelo caminho que Tu traçaste para mim. Amém.»

Quando O conheces, queres obedecer-Lhe para agradar-Lhe em tudo e fazer a Sua vontade é o teu prazer. Isso te levará, pouco a pouco, a adquirir conhecimento e autoridade.

É aí que estás pronto para fazer guerra contra o teu inimigo. Dessa maneira usarás as mesmas armas que usou o rei Davi: Quais foram?

- A intima comunhão com Deus.
- A confiança total n'Ele.
- O louvor e adoração genuína.
- As estratégias de guerra, sendo sempre guiado pelo Espírito de Deus.

Ao conhecer as expressões da alma de um salmista, dar-te-ás conta do profundo ensino que estas contêm e aprenderás muito acerca da oração de guerra.

Por ignorarem esta parte muitos se mantiveram numa posição defensiva contra o inimigo. É tempo de mudar para a ofensiva. Deus está a chamar a Sua igreja para tomar a posição de autoridade que Ele sempre quis. Luta pelos teus filhos, pelo teu matrimónio, pela tua congregação e cidade.

A oração de guerra é proclamar a Palavra em voz alta, orar como nos Salmos, crer como o salmista cria e confiar de todo o coração nas promessas de Deus.

- Tem presente que não lutamos contra carne nem sangue, porque a nossa luta é espiritual.

- Jamais usaremos estes termos para atacar um ser humano, porque isso é maldição e bruxaria.

- Aprende esta diferença: A tua luta é contra as potestades da maldade nas regiões celestiais.

*Lembra-te: Orar para impor a tua própria vontade nos outros é feitiçaria. Isto é querer controlar outros através das orações.

Deus é supremo! Orar pela Palavra para abençoar outros é a perfeita vontade de Deus. Mas pedir-Lhe que confunda os inimigos que atacam a igreja, sim é bíblico.

Orando para derrubar as potestades da maldade

➢ **Ó Deus, confunde os nossos inimigos!**

*"Destrói-os, Senhor, **confunde** as suas línguas,... Mas eu clamarei a Deus, e o Senhor me salvará. De tarde, e de manhã, e ao meio-dia, orarei e clamarei, e ele ouvirá a minha voz. Ele redimirá em paz a minha alma da guerra contra mim, ainda que hajam muitos contra mim."* - Salmos 55:9,16-18

O Senhor é O que confunde o inimigo. Peçamos-lhe com fé que os espalhe e os envergonhe. Ordena ao inimigo que retroceda, no nome de Jesus! O Senhor disse: *"Agora, pois, desçamos e **confundamos** ali a sua língua,..."* - Génesis 11:7

*"Por isso se chamou o seu nome Babel, porquanto ali **confundiu** o Senhor a linguagem de toda a terra, e dali o Senhor os espalhou sobre a face de toda a terra. "* - Génesis 11:9

Porquê o Senhor teve de fazer isso?
Porque o coração dos homens tinha-se unido para conspirar contra Deus. Quando decidiram construir uma cidade com a torre no centro, isto representava o poder do homem (humanismo) desafiando o criador.

"E disseram: Vamos, edifiquemos para nós uma cidade e uma torre cujo cume toque no céu, e façamo-nos um nome, para que não sejamos espalhados sobre a face de toda a terra." - Génesis 11:4

Com esse nome "Babilónia" se identificam hoje em dia e ainda prevalecem com as suas "mentes unidas" para batalhar (com as suas rebeliões) contra Deus o Criador.

"Os reis da terra se levantam, e os príncipes conspiram unidos contra o Senhor e contra o seu ungido, dizendo..." - Salmos 2:2

Enquanto a igreja estiver na terra deve militar com fé. Deus confunde o inimigo com estratégias divinas entregues aos Seus servos. Observa que *"o confundir"* o inimigo é uma tática de guerra.

> **Ó Deus, confunde-os e envergonha-os!**

É bíblico orar para que o Senhor confunda e envergonhe os inimigos da Igreja, que se alegram com o seu mal.

"Envergonhem-se e confundam-se à uma os que se alegram com o meu mal; vistam-se de vergonha e de confusão os que se engrandecem contra mim." - Salmos 35:26

Não estamos a falar de homens físicos, mas oramos ao mundo espiritual e a todo o inimigo da obra de Deus, que se levanta para travar o seu avanço.

> Ó Deus, confunde os planos do inimigo e cega-o!

O Senhor Deus mandou cegueira aos sodomitas que procuravam assaltar em quadrilha a Ló e violar as suas filhas.

"e (os anjos) feriram de cegueira os varões que estavam à porta da casa, desde o menor até ao maior, de maneira que se cansaram para achar a porta." - Génesis 19:11

É muito importante que ores baseando-te na Palavra de Deus. Os termos "cegar" e "confundir" também os encontramos em Salmos 35:26: *"Envergonhem-se e confundam-se à uma os que se alegram com o meu mal; vistam-se de vergonha e de confusão os que se engrandecem contra mim."*

Oração: «No nome de Jesus, voltem atrás todos os que se levantam contra mim e intentam o meu mal, e sejam desmascaradas todas as artimanhas do inimigo. Senhor Todo Poderoso, confunde os planos de Satanás contra a minha vida e contra o teu povo e não deixes que ele controle e opere mais nesta situação. Transtorna o seus planos contra a minha vida (Provérbios 22:12), porque eu só caminharei pelo caminho que Tu traçaste para mim. Amém.»

"Sejam confundidos e envergonhados os que buscam a minha vida; voltem atrás e envergonhem-se os que contra mim intentam o mal." - Salmos 35:4

➢ **Ó Deus, despoja o ladrão, o homem forte!**

"Todos os meus ossos dirão: Senhor, quem é como tu, que livras o fraco daquele que é mais forte do que ele, e o pobre e necessitado, daquele que o rouba?" - Salmos 35:10

Jesus Cristo revelou a estratégia do "homem forte". Nos Seus ensinamentos aconselhou: "É preciso atar o homem forte para poder saqueá-lo e arrebatar-lhe o despojo."

Satanás é um ladrão que roubou aos crentes muitas das bênçãos já entregues por Cristo na cruz do Calvário. Ele não faz mais que roubar e matar. Se pudesse roubar a tua felicidade, o teu dinheiro, o teu chamado, a tua saúde e a tua salvação, falo-ia. Porque é pirata por experiência. Jesus definiu-o como "ladrão de ovelhas". Tens que lhe tirar o que te pertenceu. Pensa naquilo que te despojou e arrebata-lho, no nome de Jesus.

"Levanta-te, Senhor, na tua ira; exalta-te por causa do furor dos meus opressores; e desperta por mim, para o juízo que ordenaste." - Salmos 7:6

➢ **Ó Deus, dispersa-os!**

"Levanta-se Deus! Sejam dispersos os seus inimigos; fujam de diante dele os que o odeiam!" - Salmos 68:1

Deves de dispersá-los no Seu nome, como aconteceu na Torre de Babel. Deus confundiu-os e depois dispersou-os. Ao dispersar o inimigo debilita-se e aqui está uma estratégia poderosa para vencê-lo. É necessário orar por isso, já que na unidade está a força, tanto no inimigo como no povo de Deus.

Lamentavelmente, ás vezes o inimigo está mais unido entre si, que o próprio povo de Deus.

É hora da igreja se levantar em unidade!

Um dos ataques do inimigo contra a igreja é pôr a lutar uns contra os outros. Satanás é um especialista em confundir as mentes. Se consegue isso, perder-se-á o objetivo principal que é descobri-lo e envergonhá-lo. O teu enfoque se desviará para o engano. Depende sempre do Espírito Santo e pede-Lhe em cada situação discernimento e Ele to dará.

Para mais informação acerca deste tema peça o livro: *"Descobrindo a Belial na congregação dos santos"*, por José & Lidia Zapico.

"...com o teu braço poderoso dispersaste os teus inimigos." - Salmos 89:10

Se Deus sai em teu favor e dispersa os teus inimigos, isso é sinal de que as oportunidades estão aparecendo e o favor de Deus está sobre ti. Deves sempre deitar fora o que estorva.

Tem presente que o Todo Poderoso Deus foi o que feriu e dispersou o inimigo de Israel e da Igreja.

*"Tu quebrantaste a Raabe como se fora ferida de morte; com o teu braço poderoso **dispersaste** os teus inimigos."-* Salmos 89:10

Duas palavras similares a dispersar são: Dissipar e derreter.

➢ **Ó Deus, dissipa-os, derrete-os, diante de ti!**

"Mas os ímpios perecerão, e os inimigos do Senhor serão como a gordura dos cordeiros;

desaparecerão e em fumaça se desfarão." - Salmos 37:20

"Como é impelida a fumaça, assim tu os impeles; como a cera se derrete diante do fogo, assim pereçam os ímpios diante de Deus." - Salmos 68:2

> ➢ **Ó Deus, destrói o meu adversário!**

"E, por tua misericórdia, desarraiga os meus inimigos e destrói a todos os que angustiam a minha alma, pois sou teu servo." - Salmos 143:12

"Destruirás aqueles que proferem a mentira; o Senhor aborrecerá o homem sanguinário e fraudulento." - Salmos 5:6

> ➢ **O anjo do Senhor os expulse.**

"Sejam como a moinha diante do vento, e o anjo do Senhor os faça fugir." - Salmos 35:5

A palavra "expulsar" no original hebraico é [*dacha*] que significa: Repartir, empurrar. Quando orares dando honra ao nome de Jesus e honres o Seu poder, Deus mandará o Seu anjo para que empurre e faça fugir o inimigo. Aleluia!

> ➤ **O anjo do Senhor os persiga.**

"Seja o seu caminho tenebroso e escorregadio, e o anjo do Senhor os persiga." - Salmos 35:6

A palavra "persiga" vem da raiz em hebraico [*radaph*] que significa: Perseguir, ir atrás de. Isto indica-nos que o anjo do Senhor sai em tua defesa na guerra para perseguir os inimigos.

> ➤ **Ó Deus, fecha a boca do Leão!**

"O meu Deus enviou o seu anjo e fechou a boca dos leões, para que não me fizessem dano, porque foi achada em mim inocência diante dele;

e também contra ti, ó rei, não tenho cometido delito algum." - Daniel 6:22

O nosso inimigo atua como um leão que ruge. As suas atitudes em relação aos filhos de Deus são de:

- traição
- rasgamento
- ânsia

o seu objetivo é despedaçar os fracos, distraídos, assustados, duvidosos, temerosos, apáticos e incrédulos. Por isso é importante que o poder de Deus "feche a boca do inimigo" e deixe inoperante todo o ataque.

O leão com as suas garras e com a sua boca esfola a presa. Assim como a serpente com a sua boca pica e enxerta veneno de morte. A tática do inimigo é como a do leão: Ataca a presa fraca de surpresa e assim consegue o seu propósito, que é: Roubar a fé dos corações indiferentes. A tática da áspide (serpente) é encantar com os seus olhos para aprisionar a sua vítima. Ambos têm um objetivo: Matar!.

➤ **Ó Deus, que o meu inimigo caia na sua própria rede!**

"Sobrevenha-lhes destruição sem o saberem, e prenda-os a rede que ocultaram; caiam eles nessa mesma destruição." - Salmos 35:8

Toda a armadilha colocada contra os escolhidos de Deus (se se ora com fé), o Senhor a mudará e converterá para aprisionar os inimigos.

Vemos este exemplo na forca que Hamã preparou para Mardoqueu.
Devido ao jejum, de três dias, que Ester realizou junto com todo o povo judeu, Deus permitiu que essa forca caísse contra ele. (No fim, o que Hamã preparou foi para a sua própria execução.)

➤ **Despojamos o homem forte que dorme no seu sono.**

*"Os fortes de coração foram **despojados**; dormiram o seu sono; nenhum dos homens de força pôde usar as mãos. À tua repreensão, ó Deus de Jacó, carros e cavalos foram entorpecidos."* - Salmos 76:5, 6

Através da Palavra encontramos as armas espirituais para:

- Atar o homem forte
- Paralisá-lo
- Entorpecê-lo

"Nenhum dos guerreiros pôde usar as suas mãos". Esta é a expressão do Salmista. Tens de paralisar as mãos, as intenções e as atitudes do homem forte. Há que despojá-lo e entorpecer as suas estratégias de guerra. No caso do Salmo 76:6 as armas de guerra são os seus carros e os seus cavalos.

Deus estava a olhar a partir da nuvem, como o exército de Faraó perseguia o Seu povo enquanto este atravessava em seco o mar vermelho. Diz a Palavra que YHVH mandou redemoinho sobre as rodas das

carruagens de Faraó e literalmente as tirou. Como podiam então andar as carruagens sem rodas? Deus envergonhou o poderoso exército do Egito do seu próprio orgulho (que eram o seus carros, a última tecnologia do deserto, os melhores em rapidez).
"...e tirou-lhes as rodas dos seus carros, e fê-los andar dificultosamente. Então, disseram os egípcios: Fujamos da face de Israel, porque o SENHOR por eles peleja contra os egípcios. E disse o SENHOR a Moisés: Estende a tua mão sobre o mar, para que as águas tornem sobre os egípcios, sobre os seus carros e sobre os seus cavaleiros. " - Êxodo 14:25-26.

Recorda: O problema não é o inimigo. Ele já foi vencido na cruz do Calvário. O problema está na tua mente; pensa nisso. Deus pode fazê-lo hoje e mil vezes mais.

"Nenhum dos guerreiros pôde usar as suas mãos". Estes "homens fortes" têm a seu cargo demónios de menor classe. Também guardas ou protetores que não deixam

passar nada nem ninguém que os possa estorvar.

Os que estão protegendo algo que pode ser uma propriedade, um terreno, uma herança retida, uma estátua, é uma maldição depositada num objeto ou num lugar específico.

O egípcios colocavam o seu deus Anubis, que presidia às mumificações e segundo eles era guardião habitual das necrópoles. Era representado como um chacal negro ou como um homem com cabeça de cão. Guiava a alma do defunto no além e protegia o corpo como guardião de tesouros nas tumbas dos Faraós, depois que estes tivessem sido embalsamados.

Isto mostra-nos que por trás de cada estátua sempre houve um "demónio protetor". Por esta razão muitos "caçadores de tesouros", ao profanar tumbas e tirar os tesouros foram tocados pela maldição (alguns deles morreram jovens).

Só o poder do nome de Jesus vence as maldições. Portanto, toda a pessoa deve estar debaixo da direção do Espírito de Deus e mais quando queira arrebatar algo ao inimigo que tem estado sob maldição. Só ao Senhor Jesus Cristo foi dado todo o poder e autoridade e essa autoridade foi proporcionada aos Seus santos. Por isso ensinou aos Seus discípulos o segredo de atar e desatar.

O poder de Deus é totalmente real e eficaz para todos aqueles que são intercessores de guerra nesta hora em que vivemos.

"Porque, como alguém pode entrar na casa do homem forte e levar dali seus bens, sem antes amarrá-lo? Só então poderá roubar a casa dele."
- Mateus 12:29

Antes de expulsar demónios, primeiramente deves amarrá-los no nome de Jesus.

➢ **Deus ferirá a cabeça dos meus inimigos.**

O inimigos do nome do Senhor são os inimigos da igreja. Todo o inimigo de Deus converte-se em inimigo daquele que segue e serve o Senhor.
Se tu és a igreja do Senhor, então tens poder para pisar a cabeça da serpente, porque Ele te deu o poder através do Seu maravilhoso nome.

"Certamente Deus esmagará a cabeça dos seus inimigos, o crânio cabeludo do que caminha em seus pecados." - Salmos 68:21

➢ **Deus deu-me a autoridade para perseguir e pisar.**

Jesus também nos fala de perseguir os inimigos até pisá-los e feri-los, quando disse: *"Eis que vos dou poder para pisar serpentes, e escorpiões, e sobre toda a força do inimigo, e nada vos fará dano algum."* - Lucas 10:19

"Persegui os meus inimigos e os alcancei; e não voltei enquanto não foram destruídos. Atravessei-os, de modo que não se puderam levantar; caíram debaixo dos meus pés. Pois me cingiste de força para a peleja; humilhas-te os meus inimigos debaixo de mim. Fizeste também que os meus inimigos me dêem as costas, para que eu pudesse destruir os que me aborrecem." - Salmos 18:37-40

➢ **Esmiuçarei e moerei todo o demónio que me venha a querer atacar.**

Muito antes de Jesus, já Davi, inspirado pelo Espírito Santo, fazia guerra, tanto física como espiritual. A ação de esmiuçar e moer os inimigos (referindo-se aos demónios) era uma ação mais espiritual que física. Davi sempre usava a arma da Palavra de Deus continuamente saindo da sua boca.

"Então, os moí (esmiucei) como o pó diante do vento; deitei-os (lancei-os) fora como a lama das ruas." - Salmos 18:42

➢ **Ó Deus, castiga-os!**

Vejamos este texto em três traduções diferentes. Salmos 5:10-12: *"Que caiam por suas próprias intrigas! Expulsa-os por causa da multidão de seus crimes, porque se rebelaram contra ti." /NVI/ "Por causa da multidão de suas transgressões lança-os fora, porque se rebelaram contra ti."* / **"Castiga-os**, *ó Deus; caiam por seus próprios conselhos; por causa da multidão de suas transgressões lança-os fora, porque se revoltaram contra ti. Mas alegrem-se todos os que confiam em ti; cantem de felicidade para sempre, porquanto tu os defendes; e em ti se regozijem os que amam o teu nome. Pois tu, ó Senhor, abençoarás ao justo, tu o rodearás do teu favor como de um escudo"*

> **Lança-os fora.**

"Caiam por suas próprias intrigas! Por causa da multidão de suas transgressões lança-os fora, porque se rebelaram contra ti."/RV/95

Na oração de guerra muitas vezes usa-se esta frase: "Lanço fora todo o plano do inimigo contra a minha vida, minha família e a igreja; lanço fora todo o

espírito de vingança no nome de Jesus. Amém."

A ação de "lançar fora" é parte do crer. No santuário de Deus (templo, sinagoga e tabernáculo) coisa imunda não podia entrar. Tu és santo aos olhos de Deus, assim como a Igreja também é santa. Os demónios são espíritos imundos, eles não podem estar onde está a presença santa de Deus. Por isso há que lançá-los fora!

> **Ao fio da espada (a Palavra) cairão.**

"Cinco de vós perseguirão um cento, e cem de vós perseguirão dez mil; e os vossos inimigos cairão ao fio da espada diante de vós." - Levítico 26:8
Este texto dá-nos clareza acerca do poder da Palavra de Deus, tanto como da importância da unidade na guerra. Um faz correr a cem, mas dois fazem mais do que somar, multiplicam e perseguem a dez mil. Por isso a Bíblia sempre fala da importância da unidade. Deus enviou dois a dois a evangelizar. Nunca se fala de ir para a

batalha sozinho. O pôr-se de acordo com alguém traz poder na oração.

Recorda! Quando necessites orar por algo específico, ao pores-te de acordo com outra pessoa, a oração será muito mais eficaz.

➢ **O poder de Deus sairá em minha ajuda.**

"Senhor, meu Deus, em ti confio; salva-me de todos os que me perseguem e livra-me..." - Salmos 7:1 *" O Senhor desperta para defender a tua causa, move-se para fazer-te justiça."* - Salmos 35:23

"Me livrará de todos os que me **perseguem."** Esta é uma promessa maravilhosa na qual tens de crer com todo o teu coração.

"Move-te e desperta para fazer-me justiça, Deus meu e Senhor meu, para defender a minha causa." - Salmos 35:23

➢ **O Senhor disputará a minha causa.**

1. O senhor disputa com os que contra mim contendem.

"Disputa, ó Senhor, com aqueles que contra mim contendem..." - Salmos 35:1

2. Deus mesmo **peleja contra** os que contra ti combatem.

"... peleja contra os que me combatem." - Salmos 35:1

3. Levanta-se em **minha ajuda.**

"Pega do escudo e do pavês, e levanta-te em minha ajuda." - Salmos 35:2

Todas estas declarações de fé feitas por salmistas levantam a alma abatida. O Senhor é quem conhece as intenções mais profundas do coração do homem. Ele é quem prometeu:

➢ **O Senhor pelejará por ti.**

*"No lugar onde ouvirdes o som da trombeta, ali vos ajuntareis connosco; o nosso Deus **pelejará** por nós."* - Neemias 4:20

Quando escutas e obedeces à Sua voz tens vantagem perante o inimigo.

"A minha presença irá contigo e te dará descanso. " - Êxodo 33:14

Orar com a Palavra de Deus é maravilhoso porque a estabeleces no mundo espiritual. Crê que este é o tempo de buscar mais da revelação que vem do coração de Deus para os Seus escolhidos. Ele está disposto a dar-ta!
Pratica com estes textos que leste anteriormente e ora como o profeta Davi (o servo que tinha um coração conforme o coração de Deus).

Encorajo-te a que leias a oração em voz alta crendo que Deus te escuta. Une-te a esta oração e recebe a vitória que vem ao proclamar a Palavra de Deus escrita!

O Senhor disse: *"Clama a mim, e responder-te-ei, e anunciar-te-ei coisas grandes e ocultas, que não conheces."* - Jeremias 33:3

Oração de Guerra nos Salmos

«Deus e Pai venho a Ti no nome de Jesus, reconhecendo que o Teu nome está sobre todo o poder, domínio e potestade. Aproximo-me para pedir-Te que vás contra os meus inimigos, os quais são Teus inimigos, pois dou Teu filho(a). **Envergonha** *e* **confunde** *todo o plano do adversário contra e minha vida, minha família, minha igreja e a cidade na qual me chamaste a viver. Vistam-se de* **confusão** *todos os que perseguem a minha alma. Assim como me deste autoridade pela Tua Palavra de pisar serpentes e escorpiões, eu tomo a autoridade de Jesus e* **confundo** *a todos os que lutam contra a Tua causa divina.* **Voltem atrás** *e sejam* **envergonhados** *os que buscam o meu mal. Agora mesmo, debaixo da Tua autoridade,* **cerca** *o inimigo e não o deixes traspassar. Faço uma linha de fogo que me protege de todos os seus dardos. Como cercaste a Jerusalém com muros ,*

da mesma maneira, eu cerco com o fogo do Teu Espírito Santo a minha vida, a minha família e minhas finanças.
Submeto *toda a rebeldia e altivez diante do meu Rei e declaro que Jesus Cristo, que levou cativo o cativeiro, deixa livre os que estão em prisões de escuridão na minha família e cidade e que os filhos pródigos regressam ao redil. Declaro que nenhuma arma preparada contra mim prosperará e condeno toda a língua que se levante contra mim em juízo. Porque esta é a herança dos que te servem com integridade de coração e retidão em todos os Teus caminhos. Recebo a Tua salvação como Tu o prometes-te em Isaías 54:17.*
Lanço fora e desarraigo *da minha vida, meu matrimónio e dos meus filhos, toda a raiz de amargura e frustração, em Teu nome.* **Ó Deus, submete** *toda a rebeldia, entretenimento e cegueira espiritual, que não nos deixa discernir as coisas espirituais.* **Dá perpétua afronta** *ao espírito de divórcio e divisão, para que seja completamente desarraigado da nossa geração e de nossos filhos e nunca mais possa manifestar-se. Senhor, envia o Teu anjo para que cerque a todos os Teus inimigos, que os persiga e disperse*

e que caiam na mesma rede que fizeram para mim. Porque Tua é a glória e a honra desde agora e para sempre, no nome de Jesus. Amém.»

6

Aprendendo a Orar com os Salmos

Salmos 83

Ó Deus, não guardes silêncio; não te cales nem fiques impassível, ó Deus. 2 Porque eis que teus inimigos se alvoroçam, e os que te aborrecem levantaram a cabeça. 3 Contra o teu povo formam conselho astuta e secretamente, e conspiram contra os teus protegidos. 4 Disseram: Vinde, e destruamo-los para que não sejam nação, nem haja mais memória do nome de Israel. 5 Porque à uma se conluiaram de coração, contra ti: fizeram aliança. 6 As tendas de Edom e os ismaelitas, Moabe e os hagarenos, 7 Gebal, Amom e Amaleque, e a Filístia com os habitantes de Tiro. 8 Também a Assíria se ligou a eles; foram eles o braço dos filhos de Ló. (Selá) 9 Faze-lhes como fizeste a Midiã, como a Sísera, como a Jabim na ribeira de Quisom, 10 os quais foram destruídos em En-Dor; tornaram-se esterco para a terra. 11 Faze aos seus nobres como a Orebe e a Zeebe; e a todos os seus príncipes como a Zebá e a Zalmuna, 12 que disseram: Herdemos para nós as habitações de Deus. 13 Deus meu, faze-os como um turbilhão de pó, como a palha diante do vento. 14 Como o fogo queima um bosque, e como a chama incendeia as montanhas, 15 assim persegue-os com a tua tempestade e assombra-os com o teu torvelinho. 16 Encham-se de vergonha as suas faces, para que busquem o teu nome, Senhor. 17 Sejam envergonhados e conturbados perpetuamente; sejam confundidos, e pereçam, 18 para que saibam que só tu, cujo nome é o Senhor, és o Altíssimo sobre toda a terra.

O Espírito do Leão

O Salmo 83 refere-se especificamente à unificação dos perversos reinos que atacaram a Israel e às suas alianças, que fizeram com outros reis. A finalidade era adquirir mais poder unindo-se para vencer o povo de Deus. Um deles representa um principado que se manifestou, neste momento, contra a igreja e os filhos de Deus. O espírito de vingança ou traição (leão) é o que se move camuflado para atacar pelas costas. As suas garras e os seus dentes estão preparados para matar.

Neste Salmo, o inimigo dos filhos de Deus é comparado com o leão que ruge sobre a sua presa. O salmista clama para que Deus não esteja em silêncio, mas que ruja sobre os seus inimigos como o verdadeiro "leão da tribo de Judá".

O leão ruge para chamar a atenção e fazer notar a todos ao redor que está perto. O inimigo ruge quando planeia despedaçar alguém. Assim é como ataca o inimigo: Vociferando, levantando a voz, maldizendo, amedrontando e incutindo temor (às vezes devagarinho ao ouvido).

O rugido do leão é comparado na Bíblia ao bramido do mar ou da tempestade. Quando uma pessoa se sente rodeada pelo inimigo, usa-se a expressão: "Está passando por uma tormenta espiritual". Ainda assim, o Senhor nos promete estar connosco no meio da tormenta, não importando quão forte seja. Por isso Jesus mandou calar e emudecer o rugido da tormenta e nesse momento o vento cessou.

"E ele, levantando-se, repreendeu o vento, e disse ao mar: Cala-te, aquieta-te. E cessou o vento, e fez-se grande bonança." - Marcos 4:39

"Sede sóbrios, vigiai, porque o diabo, vosso adversário, anda em derredor, rugindo como leão, buscando a quem possa tragar;" - 1 Pedro 5:8

Esta escritura contém uma clara ilustração de uma das manifestações destrutivas de Satanás como é a do leão. Ele sempre falsificará as características de Deus para confundir e enganar o ser humano. Ele é o imitador do leão de Judá que traz sofrimentos e destruição. O apóstolo Paulo também se sentiu atacado por este espírito de morte.

"Mas o Senhor assistiu-me e fortaleceu-me, para que, por mim, fosse cumprida a pregação e

todos os gentios a ouvissem; e fiquei livre da boca do leão. E o Senhor me livrará de toda má obra e guardar-me-á para o seu reino celestial; a quem seja glória para todo o sempre. Amém." - 2 Timóteo 4:17,18

Neste segmento bíblico o leão é símbolo de morte, já que nessa época eram usados no coliseu de Roma para devorar os cristãos. Paulo usa o leão como uma metáfora da morte e como se sentiu atacado debaixo de um ataque deste espírito. Satanás é um leão que procura trazer destruição à vida. Homens e mulheres de Deus fecham a boca do leão por meio da fé, como está escrito em Hebreus 11:33.

Uma chave para vencer o espírito do leão é através da fé. Quando sentes que um familiar ou tu mesmo foram atacados por um espírito de morte, clama esta palavra, porque tens autoridade para fechar a boca dos leões.

Ao contender contra espíritos devoradores, deve-se orar como fez Daniel. Ele orou para que o Senhor fecha-se a boca dos leões. Estes rugem (intimidam) e devoram (destroem) com as suas bocas e garras. Quando os crentes estão debaixo de constantes palavras de intimidação e crítica que trazem destruição, podes pedir ao Senhor que feche a boca dos espíritos devoradores que estão por trás destes ataques. Também podes pedir ao Senhor que envie anjos que se ponham entre ti e estes espíritos, para tua proteção e liberação. Podes profetizar diretamente aos lugares celestiais, no nome de Jesus, **que as bocas destes espíritos e sua intimidação estão fechadas.**

O leão natural e os seus costumes

No mundo animal o leão junto com as fêmeas formam um grande clã. As leoas são as que perseguem e atacam a presa. Assim Satanás com o seus demónios, formam também um bando ou quadrilha bem unida nos seus planos de ataque.

Quando os leões devoram as suas presas começam pelo ventre. Tradicionalmente o ventre é visto como o lugar onde se encontra o espírito do homem. O objetivo principal do espírito do leão é destruir totalmente a área espiritual do ser humano, deixando-o sem vida espiritual, porque é desde aí que o Espírito Santo lhe dá vida e poder. No povo de Deus muitos debilitaram-se e cansaram-se deixando morrer assim a sua virtude espiritual. Andam duvidando e muitas vezes negando o poder da guerra espiritual, do jejum e da intercessão; derrotados, incrédulos, cansados e debilitados. Isto dá evidência do rasto do leão e sua pegada. Como dissemos anteriormente, a sua meta sempre foi atacar e fá-lo especialmente:

- Aos que estão distraídos.
- Aos que se isolam pouco a pouco do corpo de Cristo.
- Aos que dão ouvidos a palavras cheias de veneno (comentários e fofocas).
- Os que estão espiritualmente débeis.

Tiramos a conclusão de que o espírito devorador ou de vingança vai diretamente às áreas mais débeis e vulneráveis para atacá-las. Por isso deves cada dia apropriar-te do Sangue e da armadura de Jesus, para tua defesa e proteção espiritual.

O espírito do leão está ligado muito profundamente a ofensas, confusão, ira, irritação e engano. Se te sentes assim é hora de tomares a vitória no nome de Jesus.

Os Espíritos de Vingança

Como já se nomeou anteriormente neste livro, em Jeremias 5:6 estão descritos os espíritos de vingança. Um deles é o do leão da selva, cuja função é matar (muito similar à áspide ou serpente do deserto). Os outros são: O lobo do deserto (que ataca de noite) e o leopardo que "trapaceia a presa".

Aquele que se debilite ou saia do caminho de Deus ou da Sua proteção, será atacado por este espíritos.

Deve-se ter presente que o inimigo já está derrotado e vencido. Só pode atacar e conseguir penetrar na tua área, quando pela tua boca ou ações abres uma porta. Nas tuas orações, na tua mente e nas tuas palavras diárias, minimiza-lo!

A Palavra sai como espada da boca de Deus. Por ela se fizeram os céus, a terra e tudo o que foi criado. A Palavra tem vida e poder.
Muitas pessoas, contrariamente a Deus Criador, falam pela sua boca palavras negativas que não estão alinhadas com a verdadeira Palavra viva de Deus. Tudo o que é contrário ao que Deus diz, é oposto e procede do inimigo.

As palavras dos filhos de Deus não podem engrandecer a conspiração dos demónios, já que o que se consegue é alinhar-se ao lado deles em vez de ao lado de Deus. Cada pessoa deve ter cuidado e pensar antes de falar, para usar a expressão correta e assim restar-lhe poder e debilitar a obra do diabo, em vez de lhe dar forças.

Nunca exaltes o inimigo nem lhe dês mais poder do que tem.

"...eis que teus inimigos se alvoroçam, e os que te aborrecem levantaram a cabeça. Contra o teu povo formam conselho astuta e secretamente, e conspiram **contra os teus protegidos***. Disseram: Vinde, e destruamo-los para que não sejam nação, nem haja mais memória do nome de Israel. Porque à uma se* **conluiaram de coração***, contra ti: fizeram aliança."* - Salmos 83: 2-5

Por trás de todo o conluio move-se o espírito de altivez e soberba. Em Isaías 2:11 diz que: *"A altivez dos olhos do homem será abatida, e a soberba dos homens será humilhada, e só o Senhor será exaltado."* No final do Salmo diz-nos que o Senhor Deus toma vingança deste espírito profanador de orgulho. Toma este versículo e utiliza-o para quebrar todo o conluio de altivez contra a tua vida.

Quando se unem mais do que um com más intenções, isto é considerado como uma conspiração ou armadilha planeada. Apesar disto, o Salmo declara que os santos serão guardados de todo o perigo. Ainda que a conspiração de que se fala neste Salmo é planeada diretamente contra Israel como nação, a igreja é a Israel espiritual.

No presente ela também recebe estas conspirações através dos meios de comunicação, filmes, sociedades secretas, seitas e ideologias opostas.

O Senhor não ignora as palavras faladas em secreto contra o Seu povo. Cada conspiração feita para os filhos de Deus, no verso 5 expressa que, são feitas diretamente contra o próprio Senhor:*"Porque à uma se conluiaram de coração, contra ti: fizeram aliança."* - Salmos 83:5

O Salmo 64 escrito por Davi é muito similar a este Salmo (escrito por Asaf). Davi também faz uma oração a Deus por ajuda contra os seus inimigos. Se tens estado experimentando ultimamente ataques do inimigo, recorda que podes orar este Salmo e voz alta:

Salmos 64

1."Escuta, ó Deus, a voz do meu queixume; Guarda a minha vida do temor do inimigo. 2. Esconde-me do conselho secreto dos malignos, da conspiração dos que praticam iniquidade, 3. que afiaram a sua língua como espada; lançam, por suas flechas, palavras amargas, 4.para atirar às escondidas ao que é íntegro; De repente disparam sobre ele e não temem. 5.Obstinados em seu mau intento, tratam de esconder os laços e dizem: Quem nos verá? 6.Inquirem iniquidades, fazem uma investigação exata; e até o íntimo pensamento de cada um, assim como o seu profundo. 7.Mas Deus os ferirá com uma seta; de repente ficarão feridos. 8.As suas próprias línguas os farão cair; se espantarão todos os que os virem. 9 Então todos os homens temerão, e anunciarão a obra de Deus, e entenderão os seus feitos. 10. O justo se alegrará no Senhor, e confiará nele; e se regozijarão todos os retos de coração."

O salmista enumera um por um os inimigos do povo de Israel. Entre eles se encontram os moabitas, pelos quais o povo de Deus se contaminou. Deus enviou juízo contra Moabe por causa disto.

"Porque a mão do Senhor repousará neste monte; mas Moabe será trilhado debaixo dele, como é trilhada a palha no monturo. E Moabe estenderá a sua mão por entre ele, como a estende o nadador para nadar; e o Senhor abaterá a sua soberba e a destreza das suas mãos. E abaterá a fortaleza dos teus altos muros; a humilhará e a lançará por terra terra, até ao pó." Isaías 25:10-12.

"As tendas dos edomitas e dos ismaelitas, de Moabe e dos agarenos; de Gebal, de Amom e Amaleque, os filisteus e os habitantes de Tiro. Também o assírio se ligou a eles; Servem de braço aos filhos de Ló. (Selá) Faz-lhes como

fizeste a Midiã, como a Sísera, como a Jabim na ribeira de Quisom, os quais pereceram em Endor; Foram feitos como estrume para a terra. Põe aos seus capitães como a Orebe e a Zeebe; como a Zeba e a Zalmuna, a todos os seus príncipes," Salmos 83:6-11

Os ismaelitas são os descendentes de Ismael, que o filho de Abraão teve com a escrava Agar (os ismaelitas são os filhos do deserto e são doze tribos; até ao dia de hoje continuam a ser persistentes inimigos de Israel).

Os edomitas, que mais tarde fizeram aliança com os assírios contra Israel, eram homens ferozes e sanguinários. Os edomitas eram descendentes de Ló, uma raça que se levantou em rebeldia e resistente à autoridade divina.

Também neste salmo se nomeiam os de Gebal, que eram traiçoeiros, aliados dos fenícios, e os amalequitas, descendentes de Esaú (irmão de Jacob), que eram acérrimos inimigos do povo Israel. Josué lutou contra os amalequitas, apoiado por Moisés, enquanto este estava no monte intercedendo pela vitória. Depois da vitória, Moisés levantou um altar a Deus. Representa isto que ele estava reconhecendo que só por causa da presença de Deus o povo de Israel alcançou o triunfo.

Cada vez que tenhas que ganhar uma batalha, sobe à presença de Deus com adoração e busca-a, então verás que a vitória será tua.

"Por quanto a mão de Amaleque se levantou contra o trono do Senhor, o Senhor fará guerra contra Amaleque de geração em geração."
Êxodo 17:16

Amaleque é o inimigo direto do povo de Deus. Este espírito representa a carne das pessoas, o seu "eu", assim como a sua natureza caída. O amalequita é mesmo reconhecido por Deus como "anátema". Esta palavra significa "ser maldito" ou "maldito de Deus". Representa "a carne", que sempre se levanta contra o crente. Por isso o Senhor Jesus disse a todos aqueles que queriam ser Seus discípulos, que era necessário tomar a sua cruz e segui-LO em todos os seus passos, para ser digno d'Ele (Mateus 10:38). Ao tomar a cruz, estamos crucificando (matando) cada dia a nossa própria carne. Voluntariamente, tu tens que entregar-te em sacrifício vivo, diariamente, diante do altar de Deus. Tem presente que, na cruz do calvário, Jesus rompeu toda a maldição, e é aí onde cada cristão vence o seu próprio Amaleque.

O ataque sagaz de Amaleque contra os débeis na retaguarda, está relacionado muito diretamente com o ataque do leão, do qual já temos mencionado. Os amalequitas ganhavam força, porque se aliavam com outros inimigos de Israel e atacavam pelas costas (Juízes 3:13).
"Lembra-te do que te fez Amaleque no caminho, quando saías do Egito; de como te saiu ao encontro no caminho, e te derribou na retaguarda todos os fracos que iam após ti,

quando tu estavas cansado e afadigado; e não teve nenhum temor a Deus."
Deuteronómio 25:17-18

Os filisteus eram inimigos de Israel. Eles tinham cinco príncipes que representam cinco principados. Os deuses dos filisteus eram Dagon (metade homem e metade peixe) e Baal-zebube (senhor das moscas ou das portas abertas). Os filisteus atacavam quando Israel caía em idolatria com deuses falsos. Isso permitia que se abrissem portas ao inimigo. (Juízes 10:6-7)

Outro dos inimigos de Israel, que o salmista nomeia são os amonitas. Estes fizeram aliança com os filisteus para atacar a Israel. O principal deus dos amonitas era Moloque, deus do fogo, ao qual sacrificavam crianças.

Um dos últimos inimigos de Israel nomeados no salmo 83 foram os assírios, mencionados no versículo 8. Estes ajudaram os filhos de Ló (edomitas) a pelejar contra Israel. Este exemplo faz-nos ver como os inimigos se unem para ganhar força contra o povo de Deus. Para desfazer todo o conluio dos inimigos da igreja, deve-se orar e atuar em unidade.

Amaleque é considerado como cabeça das nações pagãs, *"mas no fim perecerá para sempre"*. (Números 24:20)

Põe-te de acordo com alguém que tenha o mesmo objetivo ou visão que tu, para que a oração seja mais poderosa.

O salmista Asafe (diretor de los músicos) recorda ao Senhor como estes inimigos se levantaram no passado contra o povo de Deus. Ainda que cada um deles eram reis físicos, representam potestades espirituais.

Asafe clama a Deus dizendo:

- *Deus meu, faze-os como que impelidos por um tufão,*
- *Como a palha diante do vento,*
- *Como fogo que queima o monte.*
- *Como chama que incendeia o bosque.*

- *Assim persegue-os com a tua tempestade, e assombra-os com o teu torvelinho.*
- *Enche os seus rostos de vergonha, e busquem o teu nome, ó Senhor.*
- *Sejam afrontados e perturbados para sempre;*
- *Sejam desonrados e pereçam.*

E conheçam que o teu nome é Senhor, só tu és o Altíssimo sobre toda a terra." Salmos 83:13-18

7

Uma Análise do Salmo 74

Salmos 74

Por que, ó Deus, nos rejeitaste para sempre? Por que se acendeu o teu furor contra as ovelhas do teu prado? 2.Lembra-te da tua congregação, a que adquiriste desde os tempos antigos, a que redimiste para fazer dela a tribo da tua herança; este monte de Sião, em que habitaste. 3.Levanta-te contra as perpétuas assolações, contra todo o mal que o inimigo tem feito no santuário. 4.Os teus inimigos vociferam no meio das tuas assembleias. Puseram as suas insígnias por sinais. 5.Parecem-se com os que levantam o machado no meio da espessura do arvoredo. 6. E agora com machados e martelos quebraram toda a obra entalhada. 7.Lançaram fogo ao teu santuário; profanaram o tabernáculo do teu nome, derribando-o até ao chão. 8.Disseram no seu coração: Destruamo-los de uma vez. Queimaram todas as sinagogas de Deus na terra. 9.Já não vemos os nossos sinais, não há mais profeta, nem há entre nós quem saiba até quando isto durará. 10.Até quando, ó Deus, nos afrontará o angustiador? Blasfemará o inimigo o teu nome para sempre? 11.Porque retiras a tua mão? Porque escondes a tua dextra no teu seio? 12.Todavia, Deus é o meu Rei desde a antiguidade; é ele que opera a salvação no meio da terra. 13.Dividiste o mar com o teu poder. Quebrantaste cabeças de monstros nas águas. 14.Fizeste em pedaços as cabeças do leviatã, e o deste por comida aos moradores do deserto. 15.Abriste a fonte e o ribeiro; secaste os rios impetuosos. 16.Teu é o dia e também tua é a noite. Tu estabeleceste a lua e o sol. 17.Estabeleceste todos os limites da terra; o verão e o inverno, tu os formaste. 18.Lembra-te disto: Que o inimigo afrontou ao Senhor, e que um povo insensato blasfemou o teu nome. 19.Não entregues às feras a alma da tua pombinha, e não esqueças para sempre a congregação dos teus aflitos. 20.Atenta para o teu concerto, porque os lugares tenebrosos da terra estão cheios de moradas de violência. 21.Não volte envergonhado o abatido; o aflito e o necessitado louvarão o teu nome. 22.Levanta-te, ó Deus, advoga a tua causa, lembra-te de como o insensato te injuria cada dia. 23.Não esqueças as vozes dos teus inimigos; o tumulto dos que se levantam contra ti sobe continuamente.

O cântico de Asafe começa reconhecendo que Deus é o Pastor das ovelhas de Israel. Lembra a Deus o Seu ofício de bom cuidador de cada um dos componentes do Seu povo. O pastor protege las ovelhas dos predadores e cuida delas em todo o tempo para que nenhuma se perca.

O seu cântico profetiza a futura destruição do "santuário do Senhor" e pede a Deus que se lembre dos seus pactos passados estabelecidos com os Seus filhos (as ovelhas do Seu pasto).

v. 2. Lembra-te... A que redimiste... Para fazer dela a tribo da tua herança.

Este Salmo atrai a atenção de Deus para que se lembre das Suas promessas, que foram dadas na antiguidade. Quando nós fazemos recordar a Sua Palavra, damos testemunho que cremos:

- Na Sua fidelidade.
- Que as Suas promessas não passam ao esquecimento, porque Ele não muda.
- Que gosta que confiemos n'Ele totalmente e saibamos fielmente que o que Ele falou se cumprirá.
- Que Ele vive na eternidade e que um dia para Ele são como mil dias para nós.

Este tipo de fé é agradável a Deus. Os que palavras são fiéis e verdadeiras e perduram para sempre.

A palavra *"a que redimiste"* está no feminino e refere-se a Israel como a esposa do Senhor. Além disso, o verbo *"redimiste"* está conjugado no passado. Da mesma maneira, a igreja foi redimida na cruz do Calvário há milhares de anos atrás.

Deus quer que façamos parte da Sua herança e crer n'Ele ajudar-nos-á a crescer e a afirmar a nossa fé. Se o Pai nos escolheu para ser participantes da herança do Seu Filho, isso levar-nos-á a ser participante da Sua Glória vindoura.

"...A que redimiste para fazer dela a tribo da tua herança; este monte de Sião, em que habitaste." v.2

O Monte de Sião representa duas coisas: A morada de Deus no monte mais alto do terceiro céu e o monte físico, que literalmente está localizado em Jerusalém. O monte de Sião foi onde o rei Davi entrou com a arca de Deus, (presença do Deus Altíssimo) e levantou tenda para Ele morar.

Quando recordamos a Deus as Suas promessas, devemos saber que estamos no monte santo diante da Sua presença.

"Levanta-te contra as perpétuas assolações (presença corporal de Deus), *contra todo o mal que o inimigo tem feito no santuário"* (representa a vida do crente, o qual é templo do Espírito Santo). *v.3*

O salmista recorda ao Senhor que os escolhidos são o santuário de Deus, onde Ele mesmo habita (onde está o Seu templo santo aí virá a morar). Deus é Aquele que cura e restaura todo o mal que o inimigo fez ao corpo, alma e espírito. Cada filho de Deus é o templo da Sua habitação.

A oração feita pelo salmista pede esta restauração. Ainda que se esteja débil ou enfermo, Deus cura-nos e fortalece-nos.

Nestes tempos, temos que pedir constantemente que a Sua presença se manifeste em nós e assim receber as forças necessárias para seguir na batalha desta vida.

Século após século, Israel foi testemunha das destruições e devastações que recebeu. Primeiramente do templo e depois das sinagogas. O salmista apela a que se recorde como foram queimados e saqueados os santuários de Deus (v. 4-6).

4."Os teus inimigos vociferam no meio das tuas assembleias. Puseram as suas insígnias por sinais. 5.Parecem-se com os que levantam o machado no meio da espessura do arvoredo. 6. E agora com machados e martelos quebraram toda a obra entalhada. 7.Lançaram fogo ao teu santuário; profanaram o tabernáculo do teu nome, derribando-o até ao chão. 8.Disseram no seu coração: Destruamo-los de uma vez. Queimaram todas as sinagogas de Deus na terra."

Toda a obra delicada feita pelo Espírito Santo nas vidas pode comparar-se ao trabalho do artífice especializado na madeira, tal como os carpinteiros que trabalharam com arte e dedicação fazendo os entalhes e as gravações nas cornijas do santuário de Deus. A inveja do inimigo sempre procurou destruir esta obra delicada e usou (como o Salmo especifica) machados, martelos e o fogo. Este é o espírito de perseguição contra os filhos de Deus.

É importante que mantenhas sempre as portas fechadas para que o inimigo não destrua a obra perfeita, que, com tanto amor, as mãos do grande artífice, o Espírito Santo, trabalharam na tua vida.

A confabulação secreta dos inimigos de Deus sempre será para planear como poder destruir a obra de Deus (a Igreja).

10. *"Até quando, ó Deus, nos afrontará o angustiador? Blasfemará o inimigo o teu nome para sempre?"*

O tempo da nossa libertação está perto. Deus é um Deus misericordioso. O salmista estava a chamar a atenção de Deus, enquanto que, por sua vez, estava realizando um chamado profético do que aconteceria a Israel.

A igreja também geme para ver o dia da redenção; o momento glorioso quando Cristo vier e estabelecer a paz sobre as nações.

9. *"Já não vemos os nossos sinais, não há mais profeta, nem há entre nós quem saiba até quando isto durará."*

Israel estava sem voz de profeta. Sentia-se abandonado. Quando não se ouve a voz de Deus, isso traz desassossego à alma. Muitas vezes é como se Deus ficasse calado por um tempo.

11.*"Porque retiras a tua mão? Porque escondes a tua dextra no teu seio?"*

Asafe orava que Deus não escondesse a Sua mão, mas que a tirasse do Seu seio. Ele conhecia o poder que o seu Deus tinha quando entrava em ação.

Clama sem duvidar, a fim de que Deus se levante e opere em teu favor.

12.*"Todavia, Deus é o meu Rei desde a antiguidade; é ele que opera a salvação no meio da terra."*
O salmista recorda que não importa quão longínqua tenha sido a Sua poderosa visitação ao povo de Israel, o hoje de Deus sempre traria salvação e vida.

A Sua salvação sempre está presente na terra. Pede-lha e ora como o salmista para que se manifeste sobre a tua família e nação.

13. *"Dividiste o mar com o teu poder."*

Há um segredo no acto da repartição. Deus separou a luz das trevas, o dia da noite, as águas da terra, o salvo do perdido. Deus é o Deus da ordem, a mistura é obscura e dá uma imagem de insegurança. A ordem traz diferença e estabelece-se através da separação.

A obra maravilhosa de Deus de separar o Mar Vermelho, realizou-se com o propósito do povo atravessar em seco e chegar ao outro lado. As mudanças e as transformações em Deus devem realizar-se para se poder chegar às metas. Deus sempre dará a saída aos seus escolhidos!

Faraó dependia de muitos deuses para exercer o seu poder. Dois destes, que estavam relacionados com o rio Nilo e o crocodilo, eram *Hapi* e *Sobek* respetivamente.

O Senhor ia mostrar ao Seu povo Israel e aos egípcios que o Seu poder e sinais seriam visíveis e convincentes.

Por meio da separação das águas do Mar Vermelho, Deus estava dando um sinal espiritual que Ele separaria a magia do Egito do poder de Deus. Isto asseguraria a todos o Seu grande poder através do Seu Nome revelado a Moisés, o grande EU SOU. O Senhor estava por cima do poder de todos os deuses do Egito.

Deus separou o mar para deixar passar em seco os Seus filhos no caminho para o outro lado. Neste Salmo, Asafe estava profetizando para todas as épocas, que o Senhor pode secar as águas do Leviatã (o poder do deus deste século) e fazer que o Seu povo vá até à vitória caminhando por cima dos problemas.

Este é o tempo de não se contaminar com as vaidades e a soberba do mundo, para vencer o espírito que rege o mundo (o anticristo).

Cada soldado de Cristo deve aprender nestes dias a caminhar por fé, como Cristo o fez quando caminhou sobre as águas. Esse ato profético mostrou aos Seus discípulos que a Sua autoridade estava por cima de todo o principado marinho.

13."...Quebrantaste cabeças de monstros nas águas."

Este Salmo não só revela que no mar há vários principados em atividade diária, mas que há um (leviatã) que tem muitas cabeças.

14."Fizeste em pedaços as cabeças do leviatã, e o deste por comida aos moradores do deserto."

Dentro dos muitos monstros dos mares há um (leviatã) que tem muitas cabeças, mas todas já foram esmagadas pelo Vencedor, que lançou os pedaços das mesmas ao deserto, onde habitam os demónios (lugares secos onde não habita a presença de Deus).

Cada um dos espíritos que se movem nas massas das águas (mundo) já foram abalados por Cristo na cruz do Calvário.

Este versículo deve ser de inspiração para todas as pessoas que conhecem acerca dos espíritos ancestrais geracionais de orgulho, que oprimem a sua geração, para levantarem uma oração declarando a sua derrota. Deves reclamar as promessas, porque estas te levarão em vitória até ao outro lado.

15."*Abriste a fonte e o ribeiro; secaste os rios impetuosos.*"
Mesmo no deserto onde o povo de Deus caminhou, Deus realizou o milagre e deu-lhes a beber água da rocha. Jesus Cristo é a fonte da vida eterna que sacia a sede do necessitado. Há um rio que Deus abre e é o da abundância no meio da prova. Assim como faz brotar as bênçãos para ti, da mesma forma reclama que se sequem as águas turbulentas na tua vida, para que a imundícia se vá.

Jesus falou à tormenta e lhe disse: Cala-te e emudece. Às vezes, os rios impetuosos levantam-se pela influência dos ventos contrários, provocados pelas obras de maldade, mas nesta hora podes falar ao problema e paralisá-lo, como Cristo o fez. . .

"Tu, o que consolida os montes com o seu poder, cingido de fortaleza; o que aplaca o ruído dos mares, o ruído das suas ondas e o tumulto das nações." Salmos 65:6-7

Dois eram os inimigos da dissertação do salmista, o inimigo blasfemando contra os filhos de Deus e um povo ignorante das Suas maravilhas.

19."*Não entregues às feras a alma da tua pombinha, e não esqueças para sempre a congregação dos teus aflitos.*"

O salmista reconhece a alma do filho de Deus como uma pomba, pura, indefesa, sem grandes possibilidades de proteção. A figura espiritual pode ser vista com um grande desequilíbrio; uma pomba quase indefesa diante de uma fera selvagem. Isto mostra a desigualdade dos oponentes.

20."*Atenta para o teu concerto, porque os lugares tenebrosos da terra estão cheios de moradas de violência.*"

Que proveitoso é recordar diante de Deus o pacto que foi feito em favor dos Seus filhos. Quanto mais glorioso é o Novo Pacto que agora nós podemos reclamar ao Pai. Este pacto foi feito pelo sangue e pelo corpo de Cristo, o Cordeiro de Deus.

Quando te colocas debaixo do poder da cruz, recebes todos os benefícios realizados a teu favor no Calvário.

22."*Levanta-te, ó Deus, advoga a tua causa...*"

Essa é uma posição de ação. Quando Deus se põe em pé, o inimigo treme e tem que fugir. É como dizer a Deus: «Advoga "a tua causa"...eu, teu filho, sou a tua causa, não te faço injúria como faz o néscio, reconheço-te como o meu melhor defensor.»

Cristo é o nosso advogado e deves crer que Ele resolverá a tua causa; se és fiel, sairá em tua defesa. Este texto ensina-nos que a acusação ao povo do Senhor é também uma carga para o nosso Deus. Cada acusação a um filho é como se fosse feita ao Pai. Por isso, se és um filho verdadeiro, o Pai sairá em tua defesa.

Não duvides de pôr este Salmo diante do Senhor todas as vezes que o inimigo se levante contra ti.

Fazendo com que os Nossos Inimigos se Prostrem Diante de Deus

"Exaltai ao Senhor nosso Deus, e prostrai-vos diante do estrado de seus pés; Ele é Santo." Salmos 99:5

Este versículo exorta a nos prostrarmos diante de Deus, porque Ele é Grande, Único e Santo. O dobrar-se no sentido físico representa reconhecimento e humilhação diante d'Ele.

No Salmo 72 diz:
9."*Diante dele se prostrarão os moradores do deserto. E os seus inimigos lamberão o pó.*"

Estes são os que vivem sem a Sua presença, em lugares secos, que representam os demónios e aqueles que os seguem, vivendo sem Deus e sem esperança. Um dia esta palavra se cumprirá e se prostrarão diante do Senhor.

11."*Todos os reis se prostrarão diante dele; todas as nações o servirão.*"
Os reis da terra são aqueles que tão pouco reconheceram o único Rei e Salvador enquanto tiveram a oportunidade de governar, mas a posição de altura que exerciam sobre os demais (ainda que não reconheceram que era dada por Deus), fizeram que os seus corações se enaltecessem.

Mesmo a sociedade prefere crer no ensino do humanismo, que exalta o homem e as suas próprias capacidades, em lugar do Criador. A palavra diz que um dia, todos O reconhecerão e se ajoelharão diante d'Ele.

O Salmo 22 diz:

- *"todos os limites da terra" - v.27*
- *"todas as famílias das nações" - v.27*
- *"todos os grandes"- v.29*
- *"todos os que descem ao pó se prostrarão" - v.29*
- *Casa de Jacó, Casa de Israel - v.23*

Não vai haver nenhuma criatura que deixe de se prostrar diante de Deus e do Seu Filho Jesus Cristo.

- *Ao Senhor teu Deus temerás e só a Ele servirás (Ao Senhor teu Deus adorarás e só a Ele servirás).*
- *Dizemos a Israel, não confies no Egito nem em cavalos. Prostra-te Israel diante do Senhor teu Deus.*

- Dizemos a Israel, não confies no Egito nem em cavalos. Principados e potestades também o farão.
- Prostrem-se diante d'Ele todos os deuses. Salmo 97:7

Prostrai-vos diante do estrado dos Seus pés. Ele é Santo. Moisés e Arão entre os seus sacerdotes, e Samuel entre os que invocaram o seu nome, invocavam ao Senhor, e ele lhes respondia. - Salmos 99:5-6
E prostrai-vos diante do seu santo monte, Porque o Senhor nosso Deus é Santo. Salmos 99.9

- Anjos, estrelas do céu, sol e lua, Céus dos céus, as águas que estão sobre os céus,
Exército do Senhor
- Todos os abismos
- Os monstros marinhos
- O fogo e o granizo, a neve e o vapor
- O vento de tempestade que executa a Sua Palavra
- Os montes e todos as colinas
- A árvore de fruto e todos os cedros
- A besta e todo o animal; répteis e aves
- Os príncipes e todos os juízes da terra
- Os jovens e também as donzelas

- Os anciãos e as crianças

Salmos 148

"Louvem o nome do Senhor, pois só o seu nome é exaltado. A sua glória está sobre a terra e os céus. Ele exaltou o poder do seu povo; louvem-no todos os seus santos, os filhos de Israel, o povo que lhe é chegado." - Salmos 148:13-14

A igreja tem autoridade para proclamar e fazer com que toda a criatura se prostre diante da majestade de Deus.

Quando proclamamos a Palavra estamos recordando ao inimigo (e a todo o mundo espiritual) que tem que se prostrar diante do Senhor Jesus.

Jesus, no final dos Seus quarenta dias de jejum, recorda a satanás que só a Deus terá que servir. E lhe disse: *"... ao Senhor teu Deus adorarás e só a Ele servirás."*
Mateus 4:9-10.

Também durante o Seu ministério os demónios se prostravam, gritando diante d'Ele.

*"...os espíritos imundos, ao vê-Lo (Jesus), **se prostravam diante d'Ele**, e clamavam, dizendo: Tu és o Filho de Deus." - Marcos 3:11*

*"Pelo que também Deus o exaltou soberanamente, e lhe deu um nome que é sobre todo o nome, para que ao nome de Jesus se **dobre todo o joelho** dos que estão:*
1. *nos céus,*
2. *na terra,*
3. *e debaixo da terra;*

*e toda a língua **confesse** que Jesus Cristo é o Senhor, para glória de Deus Pai."*
Filipenses 2:9-11.
É hora de pores todos os teus inimigos prostrados diante do teu Senhor!

Salmos 18

32."Deus é o que me cinge de poder e quem faz perfeito o meu caminho. 33.Quem faz os meus pés como os das cervas e me faz estar firme sobre as minhas alturas. 34.Quem adestra as minhas mãos para la batalha, para quebrar com os meus braços o arco de bronze. 35.Também me deste o escudo da tua salvação; a tua mão direita me susteve, e a tua benignidade me engrandeceu. 36.Alargaste os meus passos debaixo de mim e os meus pés não resvalaram. 37.Persegui os meus inimigos e os alcancei; não voltei até os ter consumido. 38. Feri-os de tal modo que não se levantassem; Caíram debaixo dos meus pés. 39.Pois me cingiste de forças para a peleja; Humilhaste os meu inimigos debaixo de mim. 40.Fizeste com que os meus inimigos me voltem as costas, para que eu destrua os que me aborrecem. 41.Clamaram, mas não houve quem os salvasse; até ao Senhor, mas não os ouviu. 42.E os esmiucei como o pó diante do vento; Deitei-os fora como a lama. 43.Livraste-me das contendas do povo; me fizeste cabeça das nações;"

8

Como Reclamar a minha Cidade para Cristo

Porque o Senhor Altísimo é tremendo; Rei grande sobre toda a terra. Ele submeterá os povos debaixo de nós e as nações debaixo dos nossos pés.
Salmos 47:2, 3

O chamado Divino para esta Hora

Nesta hora em que vivemos, Deus intensificou o chamado aos valentes para lutar a batalha pela fé. Ele é o único que tem voz de comando, de arcanjo e de trombeta de Deus, trazendo unidade nas mentes e corações de todo o homem e mulher que nesta hora estão prontos no seu espírito, para realizar esta encomenda.

O profeta Joel diz:

"*Proclamai isto entre as nações, proclamai guerra, despertai os valentes, acerquem-se, venham todos os homens de guerra. Forjai espadas das vossas enxadas, lanças das vossas foices; diga o fraco: Forte sou. Ajuntai-vos, e vinde, todas as nações em redor, e congregai-vos; faz descer ali, ó Senhor, os teus fortes."* Joel 3:9-11

Sabemos que esta profecia se cumprirá literalmente antes que o Rei Jesus instale o Seu reino na terra. A igreja já está em guerra espiritual porque esse dia glorioso se acerca.

Ninguém pode dormir quando se está em guerra. O chamado é para velar sem desmaiar. Aqueles que são audazes no Espírito e entenderam a hora profética que estão vivendo, conhecem o tempo de Deus e a autoridade que lhes foi delegada por Jesus.

O agir em fé, neste tempo, é parte deste desenvolvimento.

Lamentavelmente, poucos atendem a este chamado do Espírito de Deus. Ele está chamando dia após dia mais crentes a se alistarem no Seu exército e a orar em todo o tempo (especialmente na madrugada).

A santa convocação sempre esteve em pé. O Senhor Jesus já o estabeleceu quando disse: "Velai e orai" (Marcos 13:33), este é o tempo. Devemos considerá-lo e pô-lo em prática!

"Despertai os valentes", é um chamado que só é feito pelo Espírito de Deus. Os verdadeiros valentes não o questionam, antes crêem nele e agem de acordo.

Envolvem-se no chamado da Palavra, porque conhecem o poder que ela tem. Fazem-no porque foram chamados para levar a cabo o propósito de Deus na sua vida. Só ao proclamá-lo em alta voz faz tremer o inimigo e ativar os anjos do Senhor.

O Espírito de Deus está chamando os valentes, pois o tempo se abrevia e só os que estejam apercebidos entenderão e o seu entendimento se multiplicará, como está escrito em Daniel. *"...e nenhum dos ímpios entenderá, mas os entendidos compreenderão."* Daniel 12:10

Se estás lendo este livro, é com um propósito divino para que creias e passes a ser participante dos valentes desta hora. Por tal motivo, ora, declarando a Palavra de Deus em voz alta e proclama com fé o que te pertence em Cristo.

A Palavra diz-nos que os valentes arrebatam o reino (Mateus 11:12). Jesus referiu-se nesta passagem à intensidade da guerra espiritual que rodeava o seu ministério e à força e à perseverança requerida para que os chamados tomassem o reino (se queres ler mais acerca deste tema podes ler o livro *"Posee lo Prometido"* (*"Possui o Prometido"*) pelos autores José & Lidia Zapico).

À medida que a vinda do Senhor se acerca, também o "dia do Senhor está chegando", e

Deus está preparando, por meio do Seu Espírito, homens e mulheres valentes, cheios do Seu poder para arrebatar as almas da escravidão do inimigo e proclamar que são para o Rei de reis e Senhor de senhores.

"Como valentes correrão, como homens de guerra subirão os muros; cada um marchará pelo seu caminho, e não se desviará da sua fileira. Ninguém apertará o seu companheiro, cada um irá pelo seu caminho; e mesmo caindo sobre a espada não se ferirão. Irão pela cidade, correrão pelos muros, subirão às casas, entrarão pelas janelas como os ladrões. Diante dele tremerá a terra, se estremecerão os céus..." Joel 2:7-10

Conquista das Cidades nos Tempos Antigos

Na antiguidade, as cidades tinham muralhas e fortalezas para as proteger. Quando o inimigo vinha tomar a cidade, designavam-se homens para fazerem poços e buracos profundos à volta dos muros, com o propósito de enfraquecer a base das muralhas e, em algumas ocasiões, estas caíam. Uma vez que estes poços eram feitos (também à volta do portão principal e suas bases de fundamento) vinham os guerreiros com as catapultas e atacavam com força as torres e as muralhas, derrubando-as com mais facilidade e rapidez. No mundo espiritual isto funciona da mesma maneira. O nosso inimigo ganha vantagem e trata de atacar as áreas mais fracas do ser humano. O inimigo usa essa tática para debilitar a muralha que rodeia a igreja, que é a unidade no Espírito, causando divisões, contendas e fofocas.

O primeiro que o inimigo vai atacar, para enfraquecer a igreja, é o grupo de intercessão. Quando o grupo de intercessão está forte e unido num só espírito, é possível sair e orar declarando a Palavra em lugares específicos.

Da mesma maneira que o inimigo busca debilitar a igreja, esta pode fazer o mesmo ao seu oponente. A chave é usar a Palavra para o enfraquecer e assim derribar as fortalezas de maldade.

Se lemos em Isaías 24:17-19, vemos algo importante: *"O terror, a cova e a rede vêm sobre ti, ó morador da terra. E acontecerá que aquele que fugir da voz do terror cairá na cova, e o que sair da cova será preso na rede; porque do alto se abrirão janelas, e tremerão os fundamentos da terra. De todo será quebrantada a terra, de todo se romperá, em grande maneira se moverá a terra."*

➢ Proclama que fazes covas ao redor da cidade e enfraquece o poder do inimigo que tem cativas as almas da cidade.
➢ Envia o terror sobre os demónios que estão aprisionando as almas.
➢ Declara que lanças a rede e que os apanhas nela. Em Nome de Jesus!

Lê esta palavra de fé e proclama-a:

"Tomadas serão as cidades e ocupadas serão as fortalezas; e será o coração dos valentes de

Moabe, naquele dia, como o coração da mulher em angústias. E Moabe será destruído até deixar de ser povo, porque se engrandeceu contra o Senhor. Medo e cova e laço contra ti, ó morador de Moabe, diz o Senhor. O que fugir do medo cairá na cova, e o que sair da cova será preso no laço, porque trarei sobre ele, sobre Moabe, o ano do seu castigo, diz o Senhor."
Jeremias 48:41-44

Esta palavra produz espanto e medo no inimigo.

O teu agir, por meio da Palavra em fé e as manifestações milagrosas de Deus, espantam o homem forte. Por isso, pede ao Espírito Santo que se manifeste com milagres e maravilhas. Desta maneira, vai ser difundido espanto e terror no mundo das trevas.

"Então o rei Nabucodonosor se espantou e se levantou apressadamente e disse aos do seu conselho: Não lançaram a três varões atados dentro do fogo? Eles responderam ao rei: É verdade, ó rei." Daniel 3:24

"Sei que o Senhor vos deu esta terra, porque o pavor de vós caiu sobre nós, e todos os moradores do país desmaiaram por causa de vós. Ouvindo isto, desmaiou o nosso coração, nem ficou mais ânimo em homem algum por causa de vós, porque o Senhor vosso Deus é Deus em cima nos céus e em baixo na terra." Josué 2:9 e 11

Olhando desde a Perspetiva Divina

As cidades antigas eram governadas por um rei, um exército leal e o povo. Para que o monarca tivesse poder sobre os seus inimigos dependia, em muitas ocasiões, dos conselheiros e adivinhos que consultavam os seus deuses representados em ídolos. Quanto mais terror transmitia aos seus inimigos, mais o seu reinado se fortalecia. Estes ídolos não eram simplesmente estátuas feitas de qualquer material, pois por trás de cada uma delas moviam-se espíritos demoníacos. Nos tempos do Antigo Testamento eram chamados deuses.

Vemos isto claramente na Palavra profética, referindo-se à Babilónia, onde é feito julgamento contra Bel e Merodaque, os ídolos da Assíria.

"Anunciai entre as ações e fazei saber; levantai também um estandarte, publicai, e não encobrais; dizei: Tomada é Babilónia, confundido está Bel, atropelado está Merodaque, destruídas estão as suas esculturas, quebrados estão os seus ídolos." Jeremias 50:2

Quando, na guerra, eram derribados os ídolos, também o poder dos demónios se enfraquecia.

Este exemplo mostra-nos a importância que tem o proclamar a Palavra de Deus tal como está escrita. No tempo presente, para confrontar estes espíritos demoníacos, há que ir aos lugares específicos, como estratégia de guerra, e falar às imagens das grandes religiões para que os eixos de maldade se debilitem e caiam.

Quando nos referimos ao termo *"reclamar a minha cidade para Cristo"*, estamos fazendo referência a estabelecer a Palavra de Deus em nossa comunidade e reclamar os habitantes para o Senhor. Quando fazemos isto, estabelecemos e instituímos a Palavra que diz em Ezequiel 18:74: *"Eis que todas as almas são minhas."*

Quando lemos a Palavra de Deus **em voz alta,** estamos estabelecendo o "Reino de Deus" no mundo espiritual. A própria Palavra, que é Espírito e Verdade, se encarrega de fazer retroceder os nossos inimigos e desativar todo o plano contrário que foi estabelecido contra as almas.

Se a tua cidade tem um alto índice de crime, há que amarrar o espírito de morte que é promovido, na maioria das vezes, pelo espírito da maçonaria. Se tem havido morte prematura é muito importante ir aos lugares específicos onde ocorreu o crime ou o acidente de automóvel e desalojar, no Nome de Jesus, a potestade que feriu e manchou a terra com sangue, proclamar a

Palavra de Deus e ativar a redenção de Cristo sobre esse lugar. Se a tua cidade tem um alto de abortos (este espírito é promovido pelo satanismo). Se os números de divórcio são grandes, há que derribar o espírito de candomblé, bruxaria e vudu, que trabalham contra os matrimónios.

Da mesma forma há que agir se no teu território abunda a idolatria, amarrando o principado de Baal/deus sol, que é consorte com a rainha do céu (Jeremias 7:18), e assim com cada espírito que se manifesta nas diferentes cidades.

Passos importantes para ter em conta:

➢ Declara a Palavra de Deus em voz alta; isto far-te-á sentir firme e agigantará a tua fé. A tua mente e coração fortalecer-se-ão ao ouvir as promessas divinas. Além disso, tirar-te-á o medo que possas ter do inimigo.

➢ Ao usar a Palavra para declarar as promessas que Deus nos deu, estabelecerás no mundo espiritual a Palavra profética de vida, justiça e verdade.

➢ A Palavra falada faz tremer o inimigo porque lhe lembra o seu futuro, que é a sua derrota ao ser lançado no lago de fogo e enxofre.

➢ Ao proclamá-la oportunamente sem temor, torna-se eficaz e poderosa para o derrotar.

Decreta a Palavra de Deus sobre a tua vida, família, igreja e cidade! Desta maneira, estarás destruindo e enfraquecendo o poder satânico sobre a tua cidade. Cristo venceu o inimigo por meio da Sua morte e ressurreição. Por isso deves crer que, se foste batizado na Sua morte e ressurreição, tens a legalidade, no Seu Nome, de ser vitorioso sobre todo o ataque do inimigo.
As almas pertencem a Cristo, assim como as nações. Toda a oração que faças pela tua cidade não cairá no vazio, antes trará derrota aos inimigos da igreja.

"Mas eu ungi o meu rei sobre Sião, o meu santo monte. Publicarei o decreto: O Senhor me disse: Tu és meu filho, hoje te gerei. Pede-me, e te darei as nações por herança, e os confins da terra por tua possessão. Os esmigalharás com vara de ferro; como a um vaso de oleiro os despedaçarás." Salmos 2:6-9

"Tomadas serão as cidades e tomadas serão as fortalezas..." Jeremias 48:41

Há que tomar as cidades pela fé e isto pode fazer-se de diferentes maneiras, mas todas coincidem no mesmo: proclamar a Palavra e profetizar sobre ela.

Recorda isto: Da mesma forma que uma alma perdida se regenera, se regenera também uma cidade.

Alguém tem que pôr-se na brecha pela tua cidade, alguém tem que gemer reclamando-a para Cristo; alguém tem que interceder, alguém tem que caminhar e proclamar a Palavra pelas suas ruas. A partir do momento em que há um crente num lugar, luz celestial começa a brilhar no meio das trevas.

O ladrão não só roubou as bênçãos dadas aos homens, mas também roubou a glória das nações.

O Poder da Palavra Falada

Nós, como valentes de Deus, devemos entender que ao declarar la Palavra em voz alta:

- Faz-nos sentir seguros em Deus.
- Tira-nos o medo perante o nosso inimigo.
- Nossa mente e coração fortalecem-se e a nossa fé se agiganta.
- Estimulamos a fé a quem nos ouve.
- Estamos proclamando **vida** e afastamos da nossa boca a nescidade e a negatividade.
- Estabelecemos no mundo espiritual a Palavra profética inspirada por Deus.

- Fazemos a guerra contra os nossos adversários.

Não temos que temer ao proclamar a Palavra de Deus. Há que falar só o que edifica! Memorizemos as promessas de Deus, e as falemos continuamente!

A Palavra de Deus é uma espada de dois gumes e temos que aprender a usá-la; se o fazemos, o inimigo sabe que não tem poder sobre a nossa vida. É um arma poderosa na boca do crente. O apóstolo João teve uma revelação acerca do Cristo da Glória. Na Sua boca, viu uma espada de dois gumes. Isto significa que da boca de Cristo sai a Palavra poderosa, viva e eficaz.

"...da sua boca saía uma espada aguda de dois fios; e o seu rosto era como o sol quando resplandece na sua força." Apocalipse 1:16

Esta espada também se converte num instrumento de guerra contra os teus inimigos.

"Da sua boca saía uma espada aguda, para ferir com ela as nações, e ele as regerá com vara de ferro..." Apocalipse 19:15

Fechando a Boca Maldizente

"Aconteceu no undécimo ano, no primeiro dia do mês, que veio a mim palavra do Senhor, dizendo: Filho do homem, visto que Tiro disse contra Jerusalém: Ah! Ah! Está quebrada aquela que era porta das nações; virou-se para mim; eu me encherei, e ele deserta..."
Ezequiel 26:1, 2

Vemos que a ira de Deus se acende quando o rei de Tiro, com soberba e altivez, maldiz a Jerusalém, proclamando a sua derrota, estabelecendo sobre ela secura, solidão e quebrantamento, dizendo que o seu estado seria desértico (isto fala-nos de desolação).
Nesta passagem pode ver-se a arrogância que o rei de Tiro teve contra a cidade santa de Deus quando expressou *"virou-se para mim"*. O que ele estava sentindo quando disse isto era que a glória que Jerusalém

tinha agora era ele que a tinha, mas isto não era verdade no mundo espiritual. O rei de Tiro fez estas declarações para que se convertessem em realidade e assim estava estabelecendo (no mundo espiritual) maldições faladas contra a cidade santa. Deus nunca permitiria que o inimigo (neste caso o rei de Tiro) proclamasse palavras de maldição e muito menos que se cumprissem contra o conferido, já que nunca sairia do coração de Deus maldição contra a Sua própria cidade escolhida.

Todo o que não é proclamado pelo conselho de Deus é mentira e falsidade. Deus se move-se na verdade e só Ele estabelece as coisas espirituais. Por isso, os filhos de Deus devem profetizar palavras de bênção sobre os seus filhos, igreja e nação, contrariando as palavras de maldição que por gerações foram estabelecidas.

Tem muito claro que as declarações dos inimigos do povo de Deus são eficazes quando não houve um verdadeiro arrependimento e a pessoa tem pecados ocultos no seu coração. Estas maldições podem ser palavras proferidas por alguém que tenha uma boca maldizente, já que satanás, pela boca de algum ser humano, pode tratar de amaldiçoar. Estas maldições são em vão sobre um crente que está debaixo do Sangue de Jesus e vive uma vida de santidade. A verdadeira maldição no homem é o pecado. Por isso, Jesus foi enviado para que fôssemos livres desta maldição.

O próprio Deus estabelece palavra de verdade e juízo contra a cidade de Tiro. Porque, neste caso, dirige esta palavra em relação à cidade e não às pessoas? Porque a palavra estabelecida de maldição foi contra a cidade de Jerusalém, por isso o Senhor envia juízo contra a cidade de Tiro.

Quando o rei Balaque, que governava sobre os Moabitas, quis amaldiçoar toda a nação de Israel, contratou um profeta assalariado que se chamava Balaão. Deus não permitiu que Balaão usasse a sua boca para amaldiçoar Israel. Recordemos que o que

Deus abençoou, satanás **não pode amaldiçoá-lo.** O que é abençoado por Deus não pode receber maldição por meio da feitiçaria. A nossa proteção vem quando andamos em retidão diante de Deus. A maldição vem quando escondemos certas áreas obscuras dentro de nós mesmos.

"Como amaldiçoarei o que Deus não amaldiçoa? E como detestarei o que Deus não detesta? Números 23:8

A tradução exata do nome Balaão é bruxo. Consideremos isso seriamente. O que tem dons de profecia ou de intercessão de guerra não pode ter um coração dobre. Se é assalariado e se o seu coração é flutuante, amante do dinheiro, fica em perigo de que um espírito de erro possa facilmente dominar a sua mente. Balaão foi um feiticeiro dentro do povo de Deus, mas o Senhor não o deixou amaldiçoar o povo de Israel.

"Porém o Senhor, teu Deus, não quis ouvir Balaão; antes, o Senhor, teu Deus, converteu a

maldição em bênção, porquanto o Senhor, teu Deus, te amava." Deuteronómio 23:5

Da mesma forma Deus guardará a tua vida nesta hora. Josué 13:22 chama na escritura a Balaão de **adivinho,** filho de Beor. Como é possível que dentro do povo de Deus exista isto?

Se estás interessado em conhecer mais acerca do tema da maldição e como se move dentro do povo de Deus, podes adquirir o livro mencionado previamente *"Descobrindo Belial no Meio da Congregação dos Santos",* e te aperceberás do ataque que satanás está organizando contra a igreja.

O Rei Toma as Nações

Salmos 110

1."Disse o Senhor so meu Senhor: Assenta-te à minha direita, até que ponha os teus inimigos por escabelo dos teus pés. 2.O Senhor enviará desde Sião o cetro do teu poder. Domina no meio dos teus inimigos. 3. O teu povo se apresentará voluntariamente no dia do teu poder, na formosura da santidade. Desde o seio da alva tens o orvalho da tua juventude. 4.Jurou o Senhor e não se arrependerá: Tu és sacerdote eternamente, segundo a ordem de Melquisedeque. 5.O Senhor está à tua direita. Ferirá os reis no dia da sua ira. 6.Julgará entre as nações, enchê-las-ás de cadáveres; ferirá as cabeças de grandes terras. 7.Do ribeiro beberá no caminho, pelo que levantará a cabeça."

O reclamar e tomar as nações para o Rei Jesus é um acto de fé. No dia assinalado, Jesus Cristo sentar-se-á para reinar e julgar com vara de justiça sobre a terra.

O Rei está assentado, como diz o Salmo 110, à direita do Senhor, até que o próprio Deus ponha a Seus pés a todos os Seus inimigos. Este Salmo revela a Jesus Cristo como Sacerdote eterno e o reino do Messias, enquanto que no Salmo 47 O revela como o Rei que dará à igreja o privilégio de reinar juntamente com Ele.

"Reina Deus sobre as nações; Deus se assenta sobre o seu santo trono." Salmos 47:8

Quando proclamamos sobre a nossa cidade o reinado de Cristo, profetizando a Sua Palavra, estamos estabelecendo no mundo espiritual que as almas correrão para Ele. Os que se encontram em prisões ouvirão o Seu chamado e os que estão mortos em delitos e pecados terão que ressuscitar. Jesus Cristo veio para dar vida.

Toda a pessoa que não nasceu de novo está, espiritualmente falando, morta em seus delitos e pecados. Quando esta verdade é entendida, deve ser colocada em prática e proclamar sobre os ossos secos, tal como o fez o profeta (Ezequiel 37). Estes terão que levantar-se como um exército de Deus.

"Lembrar-se-ão e se voltarão para o Senhor todos os confins da terra, e todas as famílias adorarão diante de ti. Porque do Senhor é o reino, e ele governará sobre as nações." Salmos 22:27, 28

"Porque o Senhor Altíssimo é tremendo; Rei grande sobre toda a terra. Ele nos submeterá os povos e porá as nações debaixo dos nossos pés."
Salmos 47:2, 3

A ação de submeter foi uma ordem de Deus dada a Israel. O submeter é parte da conquista e esta vem da ação de guerra. Onde há um reino, há domínio, e no domínio tem que se sujeitar o inimigo.

A igreja, como parte do reino de Deus (espiritual), avança sobre a terra tomando as almas que estão no reino das trevas e as transporta para o reino da luz.
Deus está chamando homens e mulheres que abençoem as suas cidades e que se levantem em clamor por elas para pedir perdão pelos seus pecados. Dessa forma a obra infrutuosa das trevas será enfraquecida.

Salmos 2

Quando lemos no Salmo 2, que por certo é profético, é-nos revelado que as nações voltarão um dia a reconhecer o único Rei, Jesus, como Senhor e Deus. As nações pertence-Lhe e um dia isto será uma realidade. Reclama a tua cidade para o verdadeiro Rei!

Se tu és um intercessor ativo reclama este Salmo ao Senhor, por certo o dia em que se esta profecia se cumprir, te será notório que as tuas orações e clamor não foram em vão.

1.*"Por que se amotinam as gentes, e os povos imaginam coisas vãs? 2.Levantaram-se os reis da terra, e os príncipes consultaram juntos contra o Senhor e contra o seu ungido, dizendo: 3.Rompamos as suas ligaduras, e sacudamos de nós as suas cordas. 4. Aquele que habita nos céus se rirá. O Senhor zombará deles. 5. Então lhes falará no seu furor e na sua ira os confundirá. 6. Porém eu coloquei o meu Rei sobre Sião, o meu santo monte. 7.Publicarei o decreto; o Senhor me disse: Tu és meu Filho, hoje te gerei. 8.Pede-me, e te darei as nações por herança, e os confins da terra por tua possessão. 9.Tu os esmigalharás com vara de ferro; como vaso de oleiro os despedaçarás. 10.Agora, pois ó*

reis, sede prudentes; admiti admoestação, juízes da terra. 11. Servi ao Senhor com temor e alegrai-vos com tremor. 12.Honrai o Filho, para que se não ire, e pereçais no caminho, quando em breve se inflamar a sua ira. Bem aventurados todos aqueles que nele confiam."
Salmos 2

9

Como Sair a Guerrear pela Cidade

Considerando-me a Mim Próprio

Antes de fazer guerra pela cidade, organizar caminhadas ou sair pelas ruas orando, há que analisar alguns pontos muito importantes.

➢ Ter sido chamado da parte de Deus para executar esta tarefa, e estar batizado no Espírito Santo.

➢ É necessário que todo o guerreiro espiritual tenha sido treinado anteriormente na área da intercessão.

➢ É importante contar sempre com o líder colocado pelo Pastor da congregação local.

➢ Assegura-te de que te arrependeste de todos os teus pecados, antes de fazer qualquer nível de guerra.

➤ Cobre a tua vida, as tuas finanças, os teus familiares e todas os teus bens, com o Sangue de Jesus Cristo.

Tu, como pessoa, deves levar uma vida de oração para que toda a fraqueza pessoal (egoísmo, orgulho, ciúmes, falta de perdão, etc.), seja coberta pelo Sangue de Jesus, e sejas livre de todos estes sentimentos ou espíritos que estejam oprimindo-te. É transcendental que analises o teu coração e te examines, para ver se guardas rancor ou raíz de amargura em relação a alguma pessoa, pois, dessa forma, estarás fechando portas ao inimigo. Se sabes que foste rejeitado em alguma área da tua vida e ainda não conseguiste superar isso, fala com o teu líder para que sejas ministrado nessa área.

➤ A tua mente tem que estar firme baseada no enfoque da vitória total que se obtém por meio de Cristo.

"Filhinhos, vós sois de Deus, e já os tendes vencido, porque maior é o que está em vós do que o que está no mundo." 1 João 4:4

"Antes, em todas estas coisas somos mais que vencedores por meio daquele que nos amou." Romanos 8:37

Não faças guerra pela tua cidade nem saias a reclamá-la se:

➢ Tem dúvida ou temor.
➢ Guardas pecados não confessados
➢ Não oraste o suficiente nem jejuaste, preparando-te com as escrituras específicas.
➢ Não compreendes a profundidade da guerra espiritual.
➢ Queres fazê-lo por tua conta ou por competição.

Passos a Dar Para o Grupo de Intercessão de Guerra.

➤ Ora para receberes a direção de Deus, para uma clara estratégia para a guerra. Isso requererá reunir antecipadamente com o grupo de intercessores, a fim de planificar e tirar o tempo suficiente para orar.

➤ Obtém um mapa geográfico da tua cidade para que te identifiques e ores por ela. Marca as margens fronteiriças e analisa, por meio do Espírito de Deus, as portas da cidade. Com um mapa na mão, pede ao Espírito Santo que te mostre quais são os propósitos e as bênçãos de Deus para essa área. Vai à biblioteca e informa-te acerca da história do sector ou da cidade onde vives.

➤ Informa-te sobre quais foram as maldições semeadas (assassinatos, suicídios, numerosos acidentes de trânsito, bruxaria, satanismo, humanismo, nova era, intercâmbio de escravos, perseguições, massacres, abortos, homossexualidade, droga, movimento gótico no meio dos jovens, entre outros).

➢ Estuda acerca dos fundadores, quais foram os seus objetivos e propósitos. Investiga o que ocorreu com os nativos da zona e o seu destino.

Organizando a Caminhada Para Reclamar o Território

a) Reúne-te num lugar específico com os intercessores.
b) Unam as suas ideias e corações acerca do percurso específico que vão fazer.
c) Peçam ao Senhor que revele a cada um dos guerreiros os pecados que se cometeram aí.
d) Confessem e arrependam-se (em voz alta) pelos pecados da cidade.
e) Exaltem ao Senhor com adoração e cânticos de vitória, declarando a vitória do Sangue de Jesus sobre toda a obra do inimigo. Leiam o Salmo 149:6-9.
f) Não se esqueçam, quando estiverem prontos para sair, de levar óleo para ungir,

e os textos que se proclamarão sobre a terra.

32."*Deus é o que me cinge de poder, e quem aperfeiçoa o meu caminho; 33.Quem faz os meus pés como os das cervas e faz-me ficar firme sobre as minhas alturas; 34.Quem adestra as minhas mãos para a batalha, para quebrar com os meus braços o arco de bronze. 35.Também me deste o escudo da tua salvação; a tua mão direita me susteve, e a tua benignidade me engrandeceu. 36.Alargaste os meus passos debaixo de mim, e os meus pés não resvalaram. 37.Persegui os meus inimigos e os alcancei, não voltei senão depois de ter acabado com eles. 38.Feri-os de tal modo que não se puderam levantar; caíram debaixo dos meus pés. 39.Pois me cingiste de força para a peleja; humilhaste os meus inimigos debaixo de mim."*
Salmos 18:32-39

Quando chegarem ao lugar, comecem a caminhar sobre a área, adorando o Senhor e proclamando a Palavra de Deus.

➢ Peçam ao Senhor que envie os Seus anjos protetores para que vão abrindo caminho diante do grupo.
➢ Unjam a terra como fez Jacó em Génesis 28.18, 19.
➢ Proclamem, no âmbito espiritual, que espiritual, que satanás e os demónios não têm parte nessa terra, dizendo:

Somos oficiais do exército de Deus e estamos aqui para executar o que Deus originalmente decretou sobre esta terra. Declaramos este território terra santa de Deus, porque está escrito:

"...todo o lugar que pisar a planta do vosso pé será vosso...". Deuteronómio 11:24

➢ Dividam o reino de satanás e debilitem o poder de rebelião e orgulho, os quais foram a causa do maligno cometer a inssurreição entre os anjos de Deus.

Se se consegue dividir o seu reino, este será enfraquecido, já que um reino dividido não pode permanecer (Mateus12:25). Quando se amarra o homem forte (guardião da pilhagem), os demónios menores serão confundidos.

De acordo à direção do Espírito de Deus, profetizem vida bênção sobre a terra. Terminem dando graças a Deus e louvem-nO, porque Ele é o que dá o poder e a autoridade para derribar as fortalezas de satanás.

"...porque as armas da nossa milícia não são carnais, mas poderosas em Deus para a destruição de fortalezas..." 2 Coríntios 10:4

10

Proclamação a Favor das Cidades e das Almas Cativas

O filho de Deus desceu ao inferno para levar cativo o cativeiro, a fim de os homens serem livres. Cada vez que se proclama esta Palavra de libertação sobre as almas cativas, está a realizar-se um acto de fé, honrando o único libertador, Jesus Cristo. A Sua missão foi abrir-lhes as portas das prisões e tirá-los do cárcere. Por causa disto se reclamam estas promessas escritas na Palavra, porque Jesus Cristo já veio e rompeu as cadeias para dar liberdade aos cativos.

Declarar a Sua vontade é estabelecer a Sua verdade profética no mundo espiritual.

Esta ação poderosa de libertação inspira-nos a orar a Palavra com decisão, tal como está escrita.

Os seguintes textos são para serem proclamados em voz alta (crendo com todo o coração que o Senhor ouve e responde ao clamor). Faz isso com certeza, sabendo que o preço por eles já foi pago, para saírem e serem livres de toda a opressão, assim como a cidade, os familiares e todos os filhos pródigos.

Declaração da Palavra sobre a Cidade

*Nota: Quando encontrar a linha em branco escreva ou pronuncie o nome da sua cidade ou da pessoa pela qual está orando

"Reedificarão as ruínas antigas, e levantarão os lugares antigamente assolados, e restaurarão as cidades arruinadas, os escombros de muitas gerações." Isaías 61:4

Oração a favor das almas e pela cidade

Isaías 61:1-4
«Confesso que o Espírito de Deus, o Senhor, está sobre Jesus Cristo, porque o Pai O ungiu para pregar as boas-novas aos

abatidos, a restaurar os quebrantados de coração, a publicar liberdade aos cativos, e aos presos abertura do cárcere... a ordenar sobre *_____ que se lhes dê glória em lugar de cinza, óleo de gozo em lugar de luto, manto de alegria em lugar de espírito angustiado; e serão chamados árvores de justiça, plantação do Senhor, para a Sua glória.»

Efésios 4:8
«O filho de Deus subiu vitorioso aos céus levando cativo o cativeiro que tinha *_____ e o(a) faz ser livre, pela Sua morte na cruz.»

Isaías 28:14-23
«*Portanto, varões escarnecedores, que governais este povo que está em* *_____ *ouvi a palavra do Senhor. Por quanto dissestes: Fizemos pacto com a morte, e concerto com o Seol; Por quanto dissestes: quando o dilúvio do açoite passar, não chegará a nós, porque pusemos o nosso refúgio na mentira, e na falsidade nos esconderemos; portanto, assim diz o Senhor: Eis aqui que Eu coloquei em Sião uma*

pedra por fundamento, pedra provada, angular, preciosa, de alicerce firme; aquele que crer, não se apresse. E ajustarei o juízo pela linha, e a justiça pelo prumo; e a saraiva varrerá o refúgio da mentira (da maçonaria, da discriminação étnica e racial, Nova Era, cartomância, quiromancia, astrologia, humanismo, darwinismo, magia branca, magia negra, feitiçaria, bruxaria, candomblé, vudu)... *e águas arrasarão o esconderijo. E o vosso pacto com a morte, e o vosso concerto com o Seol não será firme; quando passar o dilúvio do açoite sobre ti* (reino das trevas que governais em *_____ *sereis espezinhados* (por Jehová Sebaot, o Todo-Poderoso). *Logo que comece a passar* (o dilúvio do açoite), *o Senhor os arrebatará, porque passará de manhã em manhã, de dia e de noite; e será que somente o ouvir tal notícia causará grande terror.* terror para o reino das trevas que governam em *_____. *Porque o Senhor se levantará como no monte Perazim* (2 Samuel 5.20, derrota dos filisteus) *como no vale de Gibeão* (Josué 10.10-12, derrota dos amorreus). *Se irará para fazer a Sua obra, a*

Sua obra singular, e para fazer a Sua operação, a Sua singular operação.

Agora, pois, não zombeis reino das trevas sobre *_____ *para que não se apertem mais as vossas ataduras; porque destruição já determinada sobre toda a terra ouvi do Senhor dos Exércitos. Estai atentos, e ouvi a nossa voz; atendei e ouvi o nosso dito.*

Isaías 24.17-19
Terror, fosso e rede sobre ti, ó morador das trevas sobre *_____
E acontecerá que o que fugir da voz do terror cairá no fosso; e o que sair do meio do fosso será preso na rede; porque do alto se abrirão janelas, e tremerão os alicerces da terra. Será quebrantado de todo o reino das trevas sobre *_____ *inteiramente esmigalhado será o reino das trevas sobre esta cidade, em grande maneira será comovido o reino das trevas sobre* *_____.

Jeremias 48.41-44
Tomadas serão as cidades, e tomadas serão as fortalezas; e será aquele dia o coração dos

valentes de Moabe como o coração de mulher em angústias. (Proclamo que a ativação das potestades das trevas que governam a cidade de*_____ e o homem forte fica paralisado e a sua maldade inoperante sobre a Igreja).
E o reino das trevas sobre *_____*será destruído até deixar de ser povo, porque se engrandeceu contra o Senhor.
Medo e cova e laço contra ti, ó morador de Moabe, diz o Senhor. O que fugir do medo cairá na cova, e o que sair da cova será preso no laço; porque trarei sobre ele, sobre Moabe, o ano do castigo, diz o Senhor.

Salmos 9.15, 16
Se afunda o reino das trevas que está sobre*_____ na cova que fizeram; na rede que esconderam será preso o seu pé ...na obra das suas mãos serão ligados os malignos do reino das trevas.

Mateus 15.13, 14

Toda a planta que o nosso Pai Celestial não plantou será desarraigada de *_____ Deixai-os; são cegos condutores de cegos, e se um cego guiar outro cego, ambos cairão na cova.

Deuteronómio 29.28
E o Senhor desarraiga hoje os moradores do reino das trevas da sua terra, de *_____ com ira, com furor e com grande indignação, e os expulsa para outra terra, como hoje veremos.

Crónicas 20.22-24
"E quando começaram a entoar cânticos de louvor, o Senhor pôs emboscadas contra os filhos de Amom, de Moabe e da montanha de Seir, que vieram contra Judá, e se mataram uns aos outros. Porque os filhos de Amom e de Moabe se levantaram contra os da montanha de Seir para matá-los e destrui-los; e quando acabaram com os da montanha de Seir, cada qual ajudou à destruição do seu companheiro. E logo que Judá chegou à atalaia do deserto, olharam para a multidão, e eis que jaziam por terra mortos, pois nenhum tinha escapado."

Eis aqui que o Senhor põe a lutar uns contra os outros e se confunde o reino das trevas que está em *_____, caiem nas emboscadas que elos mesmos cavaram. Porque vieram contra igreja para que nenhum deles escape.

Salmos 9:5-11
Repreendeste as nações, destruíste o ímpio, apagaste o nome deles eternamente e para sempre. Os inimigos pereceram; ficaram desolados para sempre; e as cidades que derribaste, a sua memória pereceu com elas. Mas o Senhor permanecerá para sempre; Dispôs o seu trono para juízo. Julgará o mundo com justiça, e os povos com retidão. O Senhor será o refúgio do pobre, um refúgio em tempo de angústia. Em ti confiarão os que conhecem o teu nome; porque tu, Senhor, não desamparaste os que te buscam. Cantai ao Senhor, que habita em Sião, anunciai entre os povos as suas obras.

Salmos 22:27-31
"Se lembrarão, e se converterão ao Senhor todos os confins da terra, e todas as famílias das nações adorarão diante de ti. Porque do Senhor é

o reino, e ele governará sobre as nações. Comerão e adorarão todos os poderosos da terra; se prostrarão diante dele todos os que descem ao pó, como também os que não podem conservar a sua vida. Uma semente o servirá; falará do Senhor de geração em geração. Virão e anunciarão a sua justiça ao povo que ainda não nasceu, anunciarão que ele fez isto."

Salmos 33:10-12
"O Senhor desfaz o conselho das nações, e frustra as maquinações dos povos. O conselho do Senhor permanecerá para sempre; os pensamentos do seu coração por todas as gerações. Bem-aventurada é a nação cujo Deus é o Senhor, e o povo que ele escolheu para a sua herança."

Salmos 46:6-11
Bramaram as nações, os reinos se moveram; levantou a sua voz e a terra se derreteu. O Senhor dos Exércitos está connosco. O nosso refúgio é o Deus de Jacó. (Selá) Vinde, contemplai as obras do Senhor, que desolações tem feito na terra. Que faz cessar as guerras até ao fim da terra; que quebra o arco e corta a

lança; queima os carros no fogo. Aquietai-vos, e sabei que eu sou Deus; serei exaltado entre as nações, exaltado sobre a terra. Em *_____ o Senhor dos Exércitos está connosco.

Salmos 47:3-9
"Ele nos submeterá os povos, e porá as nações debaixo dos nosso pés. Escolherá a nossa herança, a formosura de Jacó, a quem amou. (Selá) Deus subiu com júbilo, o senhor subiu ao som da trombeta. Cantai a Deus, cantai; cantai ao nosso Rei, cantai. Pois Deus é o Rei d toda a terra; cantai com inteligência. Deus reina sobre as nações; Deus se assenta sobre o trono da sua santidade. Os príncipes dos povos se congregam como o povo do Deus de Abraão; porque de Deus são os escudos da terra, ele está muito exaltado."

Salmos 67:2-7
Para que seja conhecido em *_____ o teu caminho, em todas as nações a tua salvação Te louvem (em) *_____ ó Deus. Todos os povos te louvem. Alegrem-se e regozijem-se as nações, porque julgarás os povos

com equidade, e pastorearás as nações na terra. (Selá) Louvem-te os povos, ó Deus; todos os povos te louvem. A terra dará o seu fruto; Deus, o nosso Deus, nos abençoará. Abençoe-nos Deus, e temam-no todas as extremidades da terra.

Salmos 72:11
Todos os reis se prostrarão diante dele; todas as nações *_____ o servirão.

Salmos 82:8
Levanta-te, ó Deus, julga a terra; porque tu herdarás todas as nações." Reclamo a minha cidade para Cristo!

Salmos 149
...Exaltem a Deus com as suas gargantas, e espada de dois fios nas suas mãos, para executarem vingança entre as nações, castigo ao reino das trevas e bênção aos povos; para aprisionar os seus reis com grilhões e aos seus nobres com cadeias de ferro no reino das trevas sobre *_____ (nomear a cidade); para executar neles o juízo decretado; glória será isto para todos os seus santos. Aleluia.

Isaías 42:6, 7
"Eu, o Senhor te chamei em justiça, e te tomarei pela mão, te guardarei e te darei por concerto do povo, e para luz das nações; para que abras os olhos dos cegos, para que tires do cárcere os presos, e da prisão os que moram em trevas."

Isaías 51:14
"O exilado cativo depressa será solto; não morrerá na caverna, nem lhe faltará o seu pão."

Efésios 4: 7-10
"Mas a cada um de nós foi dada a graça conforme a medida do dom de Cristo. Pelo que diz: Subindo ao alto, levou cativo o cativeiro e deu dons aos homens. Ora isto, que ele subiu, que é, senão que também, antes, tinha descido às partes mais baixas da terra? Aquele que desceu é também o mesmo que subiu acima de todos os céus, para cumprir todas as coisas."

Salmos 35:17
Senhor, até quando verás isto? Resgata (a alma de) *_____das suas destruições, a sua vida dos leões.*
Salmos 142:7

Tira as almas dos moradores (os filhos pródigos) *_____ da prisão, para que louvem o teu nome; os justos nos rodearão, porque nos fizeste bem.*

Salmos 40:1
Pacientemente esperamos no Senhor, e se inclinou para nós, e ouviu o nosso clamor. Tirou as almas do poço do desespero, do charco de lodo. O Senhor põe os pés do meus familiares e os filhos pródigos sobre rocha e firma os seus passos.

Isaías 49:8-12
"Em tempo aceitável te ouvi, no dia da salvação te ajudei e te guardarei e te darei por concerto do povo, para que restaures a terra, para que recebas em herança as herdades assoladas. Para que digas aos presos: Saí; e aos que estão em trevas: Aparecei. Nos caminhos serão apascentados e, em todos os lugares altos, terão os seus pastos. Não terão fome nem sede, nem o calor nem o sol os afligirá, porque o que deles tem misericórdia os guiará e os conduzirá a mananciais de águas. E farei de todos os meus montes um caminho e as minhas veredas serão

exaltadas. Eis que estes virão de longe, e eis que estes do norte e do ocidente, e estes da terra de

*_____

Isaías 49
13."Cantai louvores, ó céus, e alegra-te, terra; e rompei em louvores, ó montes; porque o Senhor consolou o povo, e dos seus pobres terá misericórdia.
19.Porque a tua terra devastada, arruinada e deserta, agora será estreita, pela multidão dos moradores, e os teus destruidores serão afastados para longe de ti.
24.Tirar-se-ia a presa ao valente? Será resgatado o cativo de um tirano? 25.Mas assim diz o Senhor: Certamente o cativo será resgatado do valente, e a presa será arrebatada ao tirano; e a tua contenda eu a defenderei, e salvarei os teus filhos."

Salmos 76:5, 6
"Os fortes de coração foram despojados, dormiram o seu sono; não fez uso das suas mãos nenhum dos varões fortes."
Salmos 5:6-12

6."Destruirás os que falam mentira; o Senhor abominará o homem sanguinário e fraudulento. 7.Mas eu, pela abundância da tua misericórdia, entrarei em tua casa; em teu temor me inclinarei para o teu santo templo. 8.Guia-me, Senhor, na tua justiça, por causa dos meus inimigos; aplana diante de mim o teu caminho... 11.Mas alegrem-se todos os que em ti confiam; dêem vozes de júbilo para sempre, porque tu os defendes; em ti se regozijem os que amam o teu nome. 12.Porque tu, ó Senhor, abençoarás o justo; circundá-lo-ás do teu favor como de um escudo."

Salmos 143:12
"E por tua misericórdia dissiparás os meus inimigos, e destruirás todos os adversários da minha alma, porque sou teu servo."

Alçamos voz profética e proclamamos ao homem forte de destruição e vingança que queira vir contra os meus filhos, esposo (a) que está agora paralisado e confundido em Nome de Jesus de Nazaré. Repreendo e anulo toda a intenção do inimigo que queira levantar-se contra a minha

propriedade. Repreendo qualquer ataque das trevas. Agora mesmo, estes inimigos são despojados, e os fazemos dormir no seu sonho; não façam uso das suas mãos nenhum dos varões fortes, conforme está escrito na Palavra de Deus.
Destruímos aquele que fala mentira.
Desbaratamos os planos do homem sanguinário e fraudulento, seja ele confundido e envergonhado, no Nome do Senhor dos Exércitos.

Almas que moram em prisões de trevas, SAÍ! Almas que moram nas prisões da sombra da morte, APAREÇAM!
Levanta-te, esforçado(a) e valente, e estabelece o propósito do Senhor Jesus Cristo na tua vida, casa, igreja e cidade! Toma a autoridade que Deus já te deu na morte e na ressurreição de Jesus Cristo, o Filho de Deus. Deus te abençoe!

Bibliografia

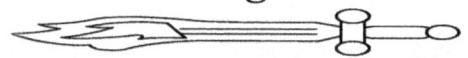

Bíblia de Estudo "Arco Iris". Versão "Reina Valera", Revisão 1960. Coypyright © 1995, Broadman & Holman Publishers, Nashville, Tennessee. ISBN: 1-55819-555-6

Bíblia "Plenitud". 1960 Reina-Valera Revisão, ISBN: 089922279X, Editorial Caribe, Miami, Florida.

Blue Letter Bible Institute (www.blueletterbible.org)

Vine, W.E. *Diccionario Expositivo de las Palabras del Antiguo Testamento y Nuevo Testamento.* Editorial Caribe, Inc./División Thomas Nelson, Inc., Nashville, TN, ISBN: 0-89922-495-4, 1999.

Antigo Testamento INTERLINEAL Hebreu-Espanhol. Editorial CLIE. Galvani 11308224 Terrassa (Barcelona) Espanha

Novo Dicionário Bíblico – Certeza Unida

A Bíblia TLA *Sociedades Bíblicas Unidas*

www.ingramcontent.com/pod-product-compliance
Lightning Source LLC
Chambersburg PA
CBHW071306110426
42743CB00042B/1197